RENWU DE
DA
LISHI

文 浩◎著

龙套也疯狂

小人物的大历史

陕西师范大学出版总社

图书代号　WX17N0641

图书在版编目（CIP）数据

龙套也疯狂：小人物的大历史／文浩著．—西安：陕西师范大学出版总社有限公司，2017.5
　ISBN 978-7-5613-9124-2

　Ⅰ.①龙… Ⅱ.①文… Ⅲ.①中国历史—通俗读物 Ⅳ.①K209

中国版本图书馆 CIP 数据核字（2017）第 085848 号

龙套也疯狂：小人物的大历史
文浩　著

责任编辑／	张建明　黄彩艳
责任校对／	关培佩
封面设计／	鼎新设计
出版发行／	陕西师范大学出版总社
	（西安市长安南路 199 号　邮编710062）
网　　址／	http：//www.snupg.com
经　　销／	新华书店
印　　刷／	西安市建明工贸有限责任公司
开　　本／	700mm×980mm　1/16
印　　张／	16.75
字　　数／	160 千
版　　次／	2017 年 5 月第 1 版
印　　次／	2017 年 5 月第 1 次印刷
书　　号／	ISBN 978-7-5613-9124-2
定　　价／	45.00 元

读者购书、书店添货或发现印装质量问题，请与本社高等教育出版中心联系。
电话：（029）85303622（传真）85307864

每一块石头都是一段传奇
（代序）

刚下过雨，花园中，青翠欲滴，蜂蝶和鸣，空气芳香湿润。

脚下，是一径蜿蜒的石子路，千万枚大大小小的鹅卵石镶嵌其中，走在上面，是那种能够忍受、甚至有些舒适的微微硌痛。

踏着通幽的曲径，漫步在柳暗花明之中，只觉人在画中游，画从眼中生。

偶一低头，看到小径中的鹅卵石，由于雨水的浸湿，愈发显得圆润通透。

蹲下身子，仔细端详那一枚枚的石子，有的漆黑，有的雪白，有的绿似翡翠，有的褐如玛瑙，有的似晚霞浸染，有的如水波微澜，有的半如凝脂，半是通透，有的上青下灰，渐变自然，有的通体淡蓝，间杂白斑，像繁星点缀，有的微黄为底，赤纹交错，如极光变幻……每一枚都有着自己的色彩、自己的形状、自己的个性。不觉惊奇，原来，连脚下都藏着如此绚烂斑斓的"风景"呢！

一枚鹅卵石松动了，脱离了水泥的桎梏。拿起来，我看到这顽石温润滑腻，在清晨阳光的映射下，散发出玉一样淡淡的

色泽。曹雪芹有一首叫作《题自画石》的诗：爱此一拳石，玲珑出自然。溯源应太古，堕世又何年？有志归完璞，无才去补天。不求邀众赏，潇洒做顽仙。也许，这枚玉样的顽石也是从远古洪荒的岁月中跋涉而来，在经历了江河咆哮的洗礼、同类残酷的磨砺、溪流温存的抚摸和时光长久的眷顾之后，终于收敛起张扬的棱角，归于弧线柔美的沉静——既然没有"补天"的才能或者机遇，那就过一种简简单单的生活，平心静气地做一枚铺路的石子，闲看云卷云舒、花开花落。这份闲适和淡然，不是与生俱来，多少次的苦痛折磨，数不清的爱恨情仇，方才琢磨出玉样的光泽。没有轰轰烈烈，是生不出"平平淡淡才是真"的顿悟的，即使有，也只能算是矫情。

其实，每一块石头，都是一段传奇，都有一个鲜为人知的故事。

贴近、品味、倾听，你也许能够发现，每一块石头都有自己的往事，或悲或喜，或痴或狂，或激越或无奈，或苍凉或荣光。为什么世界上没有两枚相同的石头？因为每块石头都有与众不同的往事。就算是最丑的石头，也应给予最多的尊重。谁知道它是不是"和氏璧"那样的璞石，粗糙的表层是否裹藏着稀世的美玉？谁知道它是不是迷失许久的"木鱼石"，低调的色泽到底隐晦着多少神秘的传说？谁知道它是不是从佛祖手中跌落的念珠，平凡的容貌究竟遮掩着怎样的大彻悟？

然而，无论如何，现在，它们只是一枚枚铺路的石子，尽心竭力地为每一只踏在它们身上的脚按摩。

也许，这就是它们的宿命。

但是，谁也无法阻止它们洋溢出自己特有的魅力。

目 录

壹

雄才也需英才辅
——扒出那些埋没在历史尘埃中的智者

◎ 暗战：三家分晋中的"微榜单" ………………… 4
  最佳预言奖：智果 ……………………………… 5
  最具远见棒槌奖：尹铎 ………………………… 7
  最佳参谋奖：任章 ……………………………… 12
  最佳侦探奖：郄疵 ……………………………… 14
  最能忽悠奖：张孟谈 …………………………… 18
  最死心眼忠义奖：豫让 ………………………… 23
◎ 三老：改变政治格局的三块老姜 ……………… 30

◎ 指引战国四公子的"北斗七星" ……………… 37
　　天玑——孟尝君安身立命的操盘手 ……………… 38
　　天权——春申君不听其计终遭害 ……………… 45
　　天璇与开阳——促平原君成大事不纠结 ……………… 55
　　杀破狼——让信陵君在大动荡中成大英雄 ……………… 64

贰

为什么受伤的总是我
——看看那些历史的炮灰

◎ 寒风萧瑟里的金枝玉叶 ……………… 81
　　冲喜：帝国最后的春药 ……………… 81
　　五十一道灰：从皇后到公主 ……………… 84
　　人造白痴：王朝的病人 ……………… 92

◎ 博弈暗战中的悲催小卒 ……………… 94
　　躺枪之痛 ……………… 94
　　附子之伤 ……………… 102

◎ 野外生存时的娇弱萌宠 ……………… 110
　　邓通：汉文帝的"吉娃娃" ……………… 110
　　韩嫣：汉武帝的"虎皮鹦鹉" ……………… 118
　　董贤：汉哀帝的喵星人 ……………… 124

目录

叁

车轮碾过白富美
—— 乱世中贵族小女子的悲哀

◎ 香如故：历史上真实的孙尚香 …………………… 132
◎ 三座山：一个挣扎在政治漩涡中的贵妇人 ………… 139
◎ 齐之姜：美是一种罪过 …………………………… 146
    非典型庄姜 ………………………………………… 148
    被蒸的夷姜 ………………………………………… 150
    凌乱的宣姜 ………………………………………… 151
    烨烨文姜 …………………………………………… 156
    悲哀哀姜 …………………………………………… 162

肆

小人物发飙攻略
—— 话说小人物的驴脾气

◎ 杀不尽的执着：太史公的直脾气 ………………… 174
◎ 买不起的傲气：越石父的倔脾气 ………………… 181
◎ 打不弯的腰杆：贯高的暴脾气 …………………… 186
◎ 按不下的头颅：士人的犟脾气 …………………… 194
    主演之一：收尸 F3 ……………………………… 197

— 3 —

主演之二：打狗小虎队 ················· 201

主演之三：打虎FTboys ················· 207

伍

阅人需慧眼　处事要兰心
——古代无名小女子的远见与卓识

◎ 齐姜：温柔乡里的小弹弓 ················· 217

◎ 僖负羁妻：生不逢时的战略家 ················· 224

◎ 晏婴车夫妻：励志毒舌姐 ················· 230

◎ 马太后：跳过历史陷阱的超级马里奥 ················· 234

◎ 西汉客栈老板娘：现实版的金镶玉 ················· 241

◎ 陶荅子妻：周朝版的娜拉 ················· 251

雄才也需英才辅

——扒出那些埋没在历史尘埃中的智者

俗话说：一个篱笆三个桩，一个好汉三个帮。一个人再牛，单打独斗仍免不了失败的下场。金庸小说中的那些独来独往、纵横天下的绝顶高手，如独孤求败、风清扬等等，近乎大仙，实在只能是个传说。而东方不败武功虽然也是独步天下，却因缺少得力帮手，终被任我行、令狐冲等击败；张无忌因有杨逍、彭莹玉等人辅佐，才把明教做大做强，倒更显得真实。

当然，拿武侠小说中的人物说事，没啥说服力。不过，文学毕竟源于现实，映射到历史之中，这样的现象其实比比皆是。其中，楚汉争霸最是典型。刘邦得天下后，曾问群臣：吾所以有天下者何？项氏之所以失天下者何？有两个大臣分析说，皇上您不抠门，有了好处大家利益均沾，跟着您干有奔头；项羽呢，太鸡贼，总担心别人比他强，跟着他干不仅白忙活，反而是谁牛谁先玩完。刘邦说，你们只知其一不知其二，"夫运筹策帷帐之中，决胜于千里之外，吾不如子房。镇国家，抚百姓，给馈饷，不绝粮道，吾不如萧何。连百万之军，战必胜，攻必取，吾不如韩信。此三者，皆人杰也，吾能用之，此吾所以取天下也。项羽有一范增而不能用，此其所以为我擒也。"

人们习惯称了不起的人物为英雄。不过，东汉的刘劭认为，"英"和"雄"是有区别的。他在《人物志》中解释"英雄"：聪明秀出谓之英，胆力过人谓之雄。"英"是智者，"雄"是勇者，只有智勇双全的人，才有可能成为"英雄"——"若一人之身，兼有英雄，则能长世"。那么，英雄要想成大事，智慧和勇力哪个更重要一些呢？刘劭认为"然英之分，以多于雄，而英不可以少也。英分少，则智者去之，故项羽

壹 雄才也需英才辅

气力盖世,明能合变,而不能听采奇异,有一范增不用,是以陈平之徒,皆亡归高祖。英分多,故群雄服之,英才归之,两得其用,故能吞秦破楚,宅有天下。"一言蔽之,智慧还是比勇力更重要一些,这也正是称"英雄"而不是"雄英"的原因所在。刘劭的观点与刘邦相似,一个人要成就一番事业,仅仅靠自己的雄才大略远远不够,更重要的是能够择天下英才而为己用。

在历史长河中,那些闪烁着智慧光芒的英才,灿若繁星,姜尚、范雎、商鞅、孙膑、蔺相如、张良、陈平、邓禹、诸葛亮……他们或是逐鹿中原的高参,或是问鼎天下的臂膀,或是缔造盛世的肱骨,或是苦撑危局的栋梁,他们的光辉照亮了历史的天空,化作一个又一个不朽的传奇。

不过,在这些牛气冲天的偶像级英才之外,还有很多默默无闻的英才,他们也有经天纬地之才,也有深谋远虑之智,也有洞彻大势之眼,也有纵横捭阖之术,但或因未遇明主,或因时运不济,或因人微言轻,或因其他种种问题,其光彩被笼罩在那些偶像级英才的光芒之下,尘封在历史的故纸堆里,渐渐被人遗忘——"狡兔三窟"的成语人人耳熟能详,可谁还记得这成语的缔造者?后人都哀叹战国四公子之一春申君的悲惨下场,可有谁知道如果春申君能够从谏如流的话,他可能还会延续自己的传奇;大家都知道三家分晋拉开战国大幕,可谁能注意到,这出大戏里一些小角色的表演,其实比那些主角更出彩;人们都赞诸葛亮隆中对谋划出三分天下的宏伟蓝图,可谁知道早在400多年前,就已有人提出过这个战略构想……

下面,就让我们拂去历史的尘埃,重新去发现这些被遗忘的英才,领略他们同样光辉的传奇。

暗战

三家分晋中的"微榜单"

说起来,历史有时真的很诡异。

魏蜀吴三国最后归于一统,即晋朝。然而,"三分归一统"的600多年前,还有一个著名的历史事件,就是"三家分晋"。虽然,此晋非彼晋,但历史的深意也许正如《三国演义》开篇所说:天下大势,分久必合,合久必分。

"三家分晋"的精彩程度,丝毫不逊于"三国归晋",司马光将之作为《资治通鉴》的开篇大戏,绝非心血来潮。

先简要介绍一下"三家分晋"的故事梗概:

春秋末期,礼崩乐坏。晋国内政,强枝弱干。智赵韩魏,四家强族,分割国土,尾大不掉。智氏最横,独霸朝纲。智瑶骄蛮,贪得无厌,威逼三家,强索土地。韩魏无奈,满足其愿。赵氏无恤,不给其面。智瑶大怒,带领韩魏,气势汹汹,进攻赵氏。无恤力弱,逃亡晋阳。敌军围攻,以水灌城。赵氏坚守，誓死顽抗。眼见危亡，想出奇谋。晓以利害，密联韩魏。赵氏里应，韩魏外合。智瑶败亡，族人尽诛。智氏地盘，三家瓜分。周封三国，晋国散灭。

故事看上去虽然一波三折，但也并不复杂，无非就是几个大人物争权夺利。人们往往将注意力放在聚光灯追逐的主角身上，却忽视了那些躲在阴影中面目模糊的配角和龙套。然而，支撑这出大戏，推动剧情前进的，从某种程度上说，正是这些配角和龙套。

我们不妨暂时将聚光灯从演技拙劣的主角——那些帝王将相身上挪开，转移到这些历来被世人轻视的小人物身上，看看他们黑暗中的较量，还给本该属于他们的高光时刻。

本着娱乐大众的原则，我为他们制作了这个"微榜单"。

最佳预言奖： 智果

  颁奖词：透过重重金玉，看穿核心败絮；拨开眼前浮华，忧患未来隐忧。他有如炬眼，却乏力驱邪魔；他是预言家，可无法改结果。有责必履，哪怕犯君威，此为尽忠；无道速隐，不肯恋红尘，此乃大智。进则无惧，退亦无愧，大夫风范也！

晋国四大家族"智赵韩魏"之首的智氏，族长智宣子年老体衰，开始物色接班人。

他有两个儿子，一个叫智瑶，一个叫智宵。智瑶相貌帅、气质佳、才华高、有主见，能泡妞、会打仗，是典型的官二代、高富帅,少女男神、国民偶像。智宵与之相比,就像丑小鸭遇见白天鹅,对比之下简直就是灾难。

智宣子看在眼里,心中早有了计较。不过,他还是找来智果——这个族里最有见识的人,假惺惺地征求意见。

智果听了智宣子的打算,赶紧进言道:"您怎么能选瑶瑶呢?我看还是宵宵靠谱。"

智宣子没想到,这家伙这么没眼力见儿,不高兴地说:"宵宵满脸横丝肉,面相凶狠丑陋,哪有一家之主的形象!"

"what!您怎么会跟那些脑残粉一样只注重表面呢?"智果痛心地说,"宵宵的凶狠,是凶狠在表面,而瑶瑶的凶狠,是凶狠在内心。没错,瑶瑶参加'超级模特'大赛得过第一名,真人 CS 成绩创了晋国记录,指挥军事演习时沉稳果断,在郑国金色大厅演奏过古琴,是诸侯杯辩论大赛最佳辩手,写的情诗哄哭了全城少妇……可是,您该选的不是大明星、不是特种兵、不是艺术家、不是演说家也不是参谋长,而是继承人,是为智氏家族这条大船掌舵的当家人。确实,宵宵在这些方面,跟瑶瑶差太远了。但他只有一个优点,就是仁厚,而这恰恰是瑶瑶最缺乏的、也是一个当家人必须具备的素质。如果瑶瑶以他的才华来四处惹事欺负人,那不纯粹是把咱智家自绝于人民吗?有德有才是精品,无德无才是废品,有德无才是成品,无德有才是毒品!咱虽然没有'精品',但咱有'成品'啊,你可不能放着'成品'不用而用'毒品'!假如你非要用'毒品',智族绝对会变成痔疮,早晚让人家切掉扔进垃圾堆!"

"滚犊子!"智宣子听完差点背过气去,"你儿子才是毒品!你们全家都是摇头丸!"

智果长叹一声，"唉！好良言难劝该死鬼啊！"于是，挥一挥衣袖，连一片云彩都不带，连夜向户籍部门申请，改姓辅氏，同智氏一族断绝了关系。

后来的事情地球人都知道了，智瑶把家族带入了万丈深渊，赵韩魏三族屠灭了整个智族。唯独因为智果成为辅果，智氏这一支才幸免于难。

如今，所有姓辅、姓智（秦汉时部分辅姓族人恢复了智姓）的后裔都应该感谢他们老祖宗那毒辣的眼光。

榜单备选人：赵简子

相比赵氏的老族长赵简子，智宣子应该改称"智瞎子"。同样是选继承人，人家赵简子识人辩才的眼光就高明多了。其考验两个儿子选定继承人的事迹见后篇《车轮碾过白富美——三座山》。

由于此榜单专为小人物而设，故赵简子落选。

最具远见棒槌奖： 尹铎

颁奖词：深知覆舟之祸，暗增载舟之福，民有幸，主可退；拒绝长城自毁，致力金汤永固，民免戮，主心安。位列人臣，不唯命是从、明哲保身，只为留得青山在；主政一方，肯休养生息、广揽人心，实图蓄力起东山。风物长宜，未雨绸缪，他的目光穿透人心，照亮前方路。睥睨井底蛙，不屑蝇头利，赵氏得保他头功！

「小人物的大历史」

如果你到某地任市长，敢不敢挤掉 GDP 中的水分，让你的财政税收负增长？敢不敢对上级领导拍脑门拍出的昏招置若罔闻？甚至反其道行之，逆捋老虎毛？

无需作答，大家都懂得。

然而，2400 多年前，就有这么一个棒槌官。

他叫尹铎，是晋国正卿赵简子的幕僚。赵简子派他到晋阳（今太原）当市长。临赴任时，领导与他谈话。

这种场合，一般人或作感激涕零状：感谢领导栽培提拔，知遇之恩，无以为报，马首是瞻，您指哪打哪！

或作踌躇满志状：请领导放心，一定好好干、拼命干、往死了干，人均纯收入翻一番、财政收入翻两番、GDP 翻三番！

或作谦虚惶恐状：卑职德薄才疏，蒙您青眼有加，忝居要职，定当如履薄冰、殚精竭虑，不负领导厚望……

可这家伙比较楞，上来就问赵简子："你要钱还是要命？"

当然，古人的话比较文雅，原话其实是：以为茧丝乎？抑为保障乎？直译就是：你是打算让我像抽丝剥茧一样挖地三尺，把晋阳变成全国财政收入第一呢，还是打造一个万年牢的大本营，你以后落难了有个可靠的退路？

赵简子没有心理准备，冷不防这两块砖头丢过来，惊得茶杯差点掉地上，下意识想到了保命：保障哉！废话，当然是要命要退路啦！

"哦，要的就是你这句话。"尹铎一躬到底，然后打马上路，赴任去也，只剩下一头雾水的赵简子。

到了晋阳，新官上任，第一把火，就是核减纳税户数，免除贫困家庭等弱势群体的税赋，大幅度给老百姓减负。要知

壹 雄才也需英才辅

道,古时候,老百姓生活的目标基本就是:老婆孩子热炕头,多打粮食少交税。减免赋税,向来是清官明君的第一标准。消息一出,全城轰动,老百姓敲锣打鼓到衙门给尹市长送锦旗。

谁知尹市长把手一挥说:要谢就谢赵总理!

赵简子在京城一个喷嚏接着一个喷嚏打,揉揉鼻子心想,怎么这么多人念叨我?这时小吏呈上公文,但见晋阳虽然经济指标下滑,但幸福指数上升,集体访、越级访为零,治安案件也几乎绝迹,老百姓没事就流着泪唱:我们的赵恩公,最疼爱我们的人……这辈子做你的臣民,我们没做够,央求您呀下辈子,还做我们的主公……

赵简子心想,这小尹有两把刷子呀!于是来了兴趣,带着文武家臣跑到晋阳去视察。

谁知,刚到晋阳城外,赵简子好像被马蜂蜇到了胳肢窝,厉声说:尹铎这大胆狗贼!居然敢违反我的命令!不宰了他,我今天绝不进城!

原来,几年前,晋国另外两个大佬:中行寅与范吉射,起兵攻击赵简子,赵简子退守晋阳,在城外筑起环城防御壁垒抵抗攻城。两军一番血战,虽然最后敌人撤了军,自己却也损失惨重。因此,赵简子一直把壁垒当成心里的一块疮疤,每想到此,仿佛就看到自己被中行寅和范吉射围攻的狼狈。于是,在尹铎赴任前,赵简子特别交待,让他到任后立即拆除环城壁垒这些战时工事。

哪承想,这些壁垒非但没拆除,反而经过重新修缮,比原来更高更坚固了。这真是棒槌他妈给棒槌开门——棒槌到家了!要说尹铎肯定没学过"领导守则":1. 领导总是对的;2.

如果领导错了,请参照第一条。你说他不挨办谁挨办?

"这简直是在缅怀敌人的战绩,嘲笑我老人家当初的狼狈啊!"那次血战大概给赵简子造成了太大的心理阴影,所以将此视为一种侮辱——虽然这种想法有点莫名其妙。

众人一看,这节奏变得忒快了,刚才还要树典型、搞表彰,转眼又要往死里整了。于是纷纷求情,但无济于事。紧要关头,一个叫邮无正的人站了出来。大家的心本来已经凉了半截,一看这人,剩下的半截也凉了——这人是尹铎的仇人!

哪知,此人虽叫邮无正,心却很正。他非但没有落井下石,反而对赵简子一通雷烟火炮。

他先是对赵简子进行革命传统教育,说你爷爷怎样以德服人打下江山;你爸爸怎样教育你谦虚低调、从谏如流;然后话锋一转,说你现在当了老大,却把你爷爷的德行、你爸爸的教诲还有老师的教导、大家的劝谏,弃之不顾,你这是作死啊!人家尹铎说得好:想到美事偷着乐,想到危难心里惊,这都是人之常情。这些壁垒都是绝佳的防御工事,不增高加固,反而拆除捣毁,除非脑子进水。所以他才这样做,目的就是让你触目惊心、以此为鉴。不把疮疤磨砺成厚茧,怎能保持赵氏家族的江山永固?如果你处罚尹铎,就是屠戮忠良。忠良痛则奸佞快,你说还让我们这些忠心耿耿的马仔如何跟你愉快地玩耍?

明主最大的优点,不是总能做出正确决策,而是能够及时纠正错误决策。赵简子不愧为一代明主,邮无正的一番倚老卖老、连贬带损,不但没有惹恼他,反而被这当头棒喝给敲清醒了。赵简子大呼过瘾,感激地说:"没有你,我都差点不是人了!"于是,不杀反赏。

壹　雄才也需英才辅

就这样，晋阳城在大棒槌尹铎的苦心经营下，成了小康之城、幸福之城、和谐之城，更重要的是，成了赵氏家族的钢铁堡垒之城。赵简子这样对他的儿子无恤，即赵襄子说："一旦晋国发生危难，在选择退路时，你一定不要嫌尹铎人微位卑、晋阳城偏路远，只有那里才是咱们最后的基地！"

事实也果真如此。若干年后，智、韩、魏联军进攻赵氏，赵无恤抵挡不住，选择退守之地时，他放弃了最坚固的长子城和最富足的邯郸城，选择了最偏远的晋阳城。因为他明白，长子和邯郸的坚固与富足，都是以百姓的泪水和血汗换来的。不得民心，坚固的城池，也就成了密闭的牢笼；与民争利，充盈的府库，也就等于是沉重的杀机。而晋阳也的确对得起赵无恤。智、韩、魏联军围城三年，大水灌城，城中没有一块干燥的地方，几乎弹尽粮绝，百姓易子而食，却同仇敌忾、上下一心，终于坚持到反攻逆袭的胜利时刻。

不管尹铎主观上是爱民还是爱君，客观上终究是给了百姓实惠，尤其是作为一个地位卑微的小官，能有如此全局、长远的眼光，甚至不惜忤逆上意，也的确是一朵奇葩。晚唐诗人韩偓有一句诗，几乎就是对尹铎性格最好的写照：谋身拙为安蛇足，报国危曾捋虎须。

还有一个小花絮蛮有意思。

逃过一劫的尹铎，带着赵简子的赏赐来找昔日仇人、如今的恩公邮无正，感激地说："要不是您，我老尹怕早已人头落地，这些赏赐理应归您！"

您猜邮无正这老头什么反应？一般烂俗电视剧的情节应该是：度尽劫波兄弟在，相逢一笑泯恩仇。可人家春秋时代的

人，怎么会如此老套呢？邮无正白了一眼尹铎，"别自作多情！你以为我是想救你？我不过是替主公尽忠而已，你跟我的仇怨，没完！"

瞧，真是没有最棒槌，只有更棒槌！

这，就是春秋范儿。

最佳参谋奖： 任章

颁奖词：看事稳、准、狠，结局尽在掌握；出计阴、毒、辣，敌人都陷彀中。见招拆招，为主排忧解难；隔山打牛，御敌谈笑之间。逢于乱世，尽露诡士本色；投身横流，方显谋臣风姿。

智瑶是个吃货。他死后的谥号是"襄子"，真是再形象不过——智襄子，谐音就是纸箱子，"瑶"的谐音是"要"，这个纸箱子，老是要、要、要，而且只取不予、只吃不拉，因此，送他绰号"纸貔貅"是再合适不过了。

不过，这个纸貔貅，贪食的可不是普通食物，而是土地。

纸貔貅贪得无厌，终日四处兼并吞噬土地。这一天，一封"索地通牒"送到了晋国另外一个巨头——魏桓子手中。

"Shit！"魏桓子看后，脸色铁青，"这纸貔貅把老魏我当成什么了？自动取款机？不给！坚决不给！"

这时，魏桓子的谋士，人称"任老诈"的任章说："您为啥不给他呢？"

"无缘无故，我凭啥给他这么多土地？当我是冤大头吗？

壹 雄才也需英才辅

地主家也没有余粮啊!"

任章阴恻恻地一笑,说:"主公听过这样一个故事吗?有一个小个子,虽然个头不高,但肱二头肌挺发达,总觉得自己倍儿牛叉,今儿抢小明一根冰棍,明天无缘无故抽小刚一嘴巴,一开始的确没人惹得起,渐渐地,就被胜利冲昏了头脑,越来越嘚瑟,真以为自己是步步高打火机,哪里不爽点哪里,so easy!结果,把大伙儿都欺负急了,联合起来按住就是一顿胖揍,不仅把抢人家的都吐了出来,而且自己的家也被分了。什么?您问这小个子是谁啊?智瑶他远房亲戚——希特勒啊!"

好吧,不闹了,以上的话其实是我说的。

不过,历史有时惊人的相似,任章的话也有这个意思。

他是这么说的:"这纸貔貅贪婪成性,无缘无故满世界勒索人家的土地,大家都当他是瘟神,又恨又怕。如果我们装熊,满足他的无理要求,这家伙一定会越来越不可一世。他不可一世就必然会轻敌,而我们这些挨欺负的人则会同病相怜、同仇敌忾,用同仇敌忾的复仇联盟对付狂妄轻敌的纸貔貅,这家伙肯定就是秋后的蚂蚱,蹦跶不了几天了。《尚书》中的《周书》有句名言:要想收拾谁,必须暂时顺从麻痹他;要想让他赔老本,必须先撒点诱饵引诱他。他毕竟只是个纸貔貅,光吃不拉必自毙!我看您不如先答应他的无理要求,让他得意地找不到北,然后我们再联合其他人收拾他,咱又何必着急当出头的椽子呢?"

概括讲,就是三个意思:

一是,上帝让谁灭亡,总是先让他疯狂;

二是,众人一条心,其力能断金;

三是，木秀于林风必摧之，别当出头鸟。

魏桓子听了，恍然大悟，一拍大腿，"高！实在是高！"然后依计而行，割了一块一万户的地盘给智瑶，成功地避开了锋芒，然后看准时机，反攻倒算，会同韩、赵两家灭了智氏。

榜单备选人：段规

其实，智瑶在勒索魏桓子之前，先去骚扰了韩康子。韩康子反应也跟魏桓子一样。这时，他的谋士，人称"段老鬼"的段规劝韩康子：纸貔貅贪得无厌，又自以为是，不给他地，他必然会抡拳头揍咱，而目前咱还不是他的对手，不如暂时忍辱负重给他地，让他狂妄到底，他必然还会欺负更多人。肯定会有愣头青不信邪，到那时，二虎相争，我们坐山观虎斗，捡现成的便宜多好！韩康子听了这主意，大喜，马上满足了智瑶的要求。

段规之计与任章之谋，异曲同工，其阴损程度都达到了五颗星。但鉴于任章的论述及推断更加详细而缜密，并能上升到理论高度，故任章当选，段规落选。

最佳侦探奖： 郗疵

颁奖词：他有细若发丝的察探，他有丝丝入扣的推断，福尔摩斯为他惊叹，工藤新一给他点赞。任何蛛丝马迹，都无法逃过他的慧眼；所有伪装掩饰，总是被他轻易揭穿。明辨得失，只靠观色察言；遇人不淑，终究乏力回天。如能从谏，智襄子何惧倒戈兵变；欲挽狂澜，到头来

壹 雄才也需英才辅

却是一声长叹。

北方三月,三晋大地上的风还料峭得紧。连绵下了五六天的雨,虽然停了,但春寒的小风一吹,潮气夹带寒气,却是入骨的冷。

暮色苍茫,路途泥泞,一乘马车朝齐国方向颠簸而行。

车上,一个目光犀利,却满脸沮丧的人,随着颠簸不住地晃着身子。

回头望去,晋阳城早已浸入黑暗之中。他不禁裹紧袍子,长叹一声道:"智氏必亡,智氏必亡啊!"

这个人是智瑶的家臣,名叫郄疵,向来是智氏集团的智囊。智瑶对他很是器重,他也对这种知遇之恩心存感激,暗中发誓要辅佐智氏成就大业。

然而,现在这一切都已成泡影。

智、韩、魏联军围攻晋阳已三年有余。几天前,郄疵随智瑶登晋阳城东的龙山,查勘被晋水围灌的晋阳城。当时随行的还有两名副统帅:韩康子和魏桓子。

东临龙山,以观洪水,但见水面距晋阳城头仅剩六尺。渗入城中的水已将城内变成一片泽国,灶台都被泡塌,居民悬锅而炊,到处蛙声一片。在智瑶听来,这简直就是晋阳将垮时最后的哀鸣。

"禹能治水,我能驱水,我与大禹,孰更强乎?"智瑶得意扬扬地问众人。这当然只是个设问句,韩、魏二人焉能不懂,赶紧施礼道:"自然是智伯您更强。"

这话一半谄媚,一半也是由衷。引晋水淹晋阳,智瑶这一

15

「小人物的大历史」

招确是妙计。晋水发自龙山，本向东流，却硬是被智瑶挖渠筑坝引向西注，待春雨大涨之时，水漫晋阳，赵氏一座孤城遂成绝境。

"哈哈哈哈！"智瑶仰天狂笑，手指晋阳，"我今日终得以水灭国之精髓矣！晋国大河众多，均是我攻城略地之宝器也！"

站在智瑶身后的郄疵听罢，心头一惊，偷偷瞄了韩、魏二人一眼，心头又是一紧。

下得山来，韩、魏二人辞别智瑶，各回大营。郄疵赶忙对智瑶道："主公定要小心，韩、魏必反啊！"

还沉浸在自己奇绝之计中的智瑶不禁一愣，"何出此言呢？"

"我不过是按人之常情推断而已。刚才主公之言，打草惊蛇，太过唐突。我看韩、魏二人听罢，你手肘碰碰我，我以脚踩踩你，互有暗示，定是心有灵犀。"

"我怎么没发觉？有何灵犀？"智瑶皱着眉头。他觉得这郄疵太过鸡贼。

"晋水能灌赵氏的晋阳，自然汾水也可灌魏氏的安邑、绛水也能淹韩氏的平阳。当初，两家出兵本就不是出自本意，赵氏将亡，两家定然疑惧自己是下一个赵氏。虽然我们约定灭掉赵氏后，三家瓜分其领地，但如今大水漫城，城中弹尽粮绝，晋阳指日可破，可您一语而惊两家，韩、魏二人非但不喜形于色，反而忧心忡忡，不是心有异念是什么？主公如不多加提防，定然后患无穷啊！"

"哐当！"车身一阵巨颠，似乎是车轮辗到石头。郄疵猛然一歪，赶紧扶住车轼，心中似倒了五味瓶一般。

壹 雄才也需英才辅

"想我郄疵,满腔热情,却是热脸贴冷臀,空有一肚子奇才,遇不到识货的主顾,奈何,奈何!"

他闭上双眼,眼前却还是出现智瑶那自以为是、愚蠢的笑容。

"先生多虑了,想我智瑶何许人也,不去揍他们,他们已经感天谢地了,无不争先恐后供我驱使,以表忠心,安敢叛我?!"

"主公若不信,这两天可静观其变,加倍小心,就知我此言不虚!"

哪知,这蠢货不但没静观其变,反而做起了二道贩子的勾当。

第二天,郄疵到智瑶帐中议事,刚至门前,恰遇从帐内走出的韩、魏二人。

急入帐中,郄疵张口就问:"主公为何将你我密谈之言说与韩、魏二人?"

智瑶面露尴尬之色,打个哈哈道:"先生哪里话,你如何得知?"

"刚在帐外,此二人上下打量了我一番,眼中露出一丝惧意,之后匆匆离去,由此,我便晓得,他们定是知道我已看穿他们心里的小九九!而且,我还风闻此二人近日与城中似有联络。卧榻之旁,岂容他人鼾睡!主公如此大意,恐怕……恐怕……"

"呵呵,先生见微知著,的确了得。不过,我与韩魏,同心伐赵,岂能自生龃龉?我乃君子,本就坦荡,刚才将先生的担忧说与了韩魏二人,以显我疑人不用、用人不疑。二人辩白

说，放着唾手可得的赵氏土地不要，而兵行险招去帮那危在旦夕的赵氏，这样的脑残之事只有弱智才干得出。此话，也合我意，谅他二人就算狗胆包天，也不会干此蠢事。"

"他们不会干此蠢事，那臣我说的就是蠢话了？"

"这个……这个……我当然不是这个意思，我对先生还是非常信任器重的，刚才他二人还疑你受赵氏所贿而挑拨离间。但先生一片忠心，我自知晓……"

"一片忠心，我自知晓，我自知晓……"郄疵苦笑着回味智瑶的话，想到他那做作的姿态，不由得一阵恶心。

"既然知晓，为何对我的警告置若罔闻？为何不对韩、魏二人加强戒备？几十年前，鲁国的孔丘曾说过：邦有道则仕，邦无道则可卷而怀之。如今既生嫌隙，徒留无益。"郄疵摇摇头，想到那时自己失望之余，向智瑶请求出使齐国，以避开早晚袭来的灾祸时，智瑶那假惺惺挽留的样子，不由得叹息着自言自语，却还是忍不住回头望去。

蓦然回首，忽听隐隐传来大水决堤的轰隆巨响，断断续续有喊杀和兵戈之声，智瑶大营方向火光冲天，映得龙山陡峭的山峰犹如鬼魅一般……

"功亏一篑，功亏一篑啊！"郄疵狠狠捶着车轼，老泪纵横……

寒风夜雨，一乘马车，背着那火光和剑影，疾驰向东……

最能忽悠奖： 张孟谈

颁奖词：庖丁持尖刀，解牛可游刃有余；孟谈操簧舌，破敌如探囊取物。只身入龙潭，打毒蛇之七寸，力挽狂澜之既倒；孤胆进虎穴，击三家之龃龉，分崩敌人之阵营。纵横捭阖，堪比苏秦；不辱使命，犹如晏婴。凭唇齿之力，保赵氏江山，他以自己力证：忽悠也可救国。

郄疵所风闻的韩魏二人与晋阳城中有联络，是确有其事的。

悄悄与韩魏两家联系的人，名叫张孟谈，赵氏家臣。

智瑶因向赵无恤强索蔡和皋狼之地遭拒，怒而征召韩、魏两家之兵攻打赵氏。赵无恤退守晋阳，三家联军将晋阳围了个水泄不通，并引晋水灌城。三年苦战，城中百姓虽无二志，但早已苦不堪言，赵氏家臣也开始人心惶惶。赵无恤心知，再这样持续下去，城中军民不是被活活淹死、饿死，就是城破惨遭屠戮，因此心急如焚，一筹莫展。

"主公可是因骑虎难下而烦恼？"见赵无恤眉头紧锁，张孟谈问道。

"唉，"无恤叹了口气说，"你说我这人本来挺能忍的，想当初，我与智氏一起进军郑国，我不想当炮灰，推脱不前，智瑶辱骂我是臭屌丝，我忍了；后来在一次饭局上，我拒绝他灌酒，他把酒杯砸我脸上，我也忍了；这次他跟我要点地，我怎么脑子一抽就没忍住呢？小不忍则乱大谋啊，现在到了这种山穷水尽的地步……"说着说着，忍不住唱了起来：

我不想说，我很自虐

我不想说，我很纠结

可是我心中的恐惧无法拒绝

看看可恶的天、蹚蹚地上的水
我的心情你能理解
不变的天、不变的水
唯一的路就在我的面前
白色的旗、举起的手
我只能交出我的世界……

唱到痛处，不免泪流。张孟谈见此，劝道："忍字头上一把刀，您要真是让人家骑脖子拉屎，还要给人家舔干净，我们这些人就成了奴才的奴才，谁还肯跟您混？所以，忍无可忍，无须再忍。您不买那纸貔貅的帐，根本没错。其实，您何必这么悲观，虽然咱们貌似山穷水尽，但敌人的包围并非铁板一块，只要撬开他们之间的缝隙，就一定能柳暗花明！再说，养兵千日用兵一时，我们这些高智商的专家被您包养这么多年，如果该出手时不出手，也就甭吹啥风风火火闯九州了。行百里者半九十，您现在需要做的就是死磕到底！我今晚就去见韩魏二人，挖他纸貔貅的墙角，您就等着看好戏吧！"

赵无恤被他这么一忽悠，本来跌到谷底的心又浮出水面，抹了一把鼻涕，说："原来先生你还是爱我的……"

当晚，张孟谈偷偷从城头缒下，乘一叶小舟，来到韩魏两军的营中。

"来此何事！"军帐之上，韩、魏二人阴沉着脸，瘟神一样居高临下问道。

"当然是来拯救你们小命的。"张孟谈嗅出了剑拔弩张的味道，却还是大大咧咧说道。

"大胆狂徒！我三家联军已扼住你赵氏喉咙，只稍一用力，顷刻毙命,胆敢出此狂言!"

"酱紫啊,不过,为啥掐了三年,都没把我们掐死?"

"这个……这个……"

"答不上来了?好,我来告诉你答案:三指扼喉,两指虚扣,一指再怎么用力,奈之若何?"张孟谈神态自若,话锋却步步紧逼。

"你……你……休得胡说八道,挑拨离间……"

"何必用我离间?二位大佬扪心自问,智、赵二人,谁才是你们真正的敌人?"

"自然是……自然是……"

"好了,何必如此紧张,咱先玩个脑筋急转弯放松一下如何?"没等两个满头大汗的大佬反应过来,张孟谈已经出题:"问,什么东西丢了,牙齿最伤心?"

"牙膏吧……"韩康子试探着回答。

"错!"

"那就是牙刷!"韩康子生怕魏桓子答对,紧接着又答。

"非也!"

"一定是牙套!"魏桓子觉得自己挺机灵,"打拳击没牙套可不得了!"

"No!"

"绝对是口香糖!"这次两个人异口同声答道,相互对望,都挺不忿。

"没口香糖,牙能死啊!"张孟谈对二人智商表示失望。

"求助场外观众行不?"魏桓子打算给任章打个电话。

"算了……真无语……提示一下,你的牙齿和什么关系最

最紧密。"张孟谈心想这俩货的语文肯定都是体育老师教的。

"哦……牙齿跟什么关系最最紧密？谁呢？啊！肯定是舌头！"韩康子一拍脑门喊道。

"已经接近正确答案啦！加油！"

"Stop！我知道啦！是……是嘴唇！一定是嘴唇！"魏桓子声音颤抖，看起来，再错他马上就会崩溃。

"正确！加十分！"张孟谈松了一口气，赶紧表示祝贺。

"耶！"魏桓子竖起剪刀手兴奋大叫，同时得意地瞥了一眼垂头丧气的韩康子。

"二位老大天纵英明，嘴唇没了，牙齿自然也离磕掉不远了，正所谓'唇亡齿寒'。如今纸貔貅带着你们打我们，其实你们就是在自己撕自己的嘴唇，想必这个道理二位心里比谁都清楚。"

韩魏二人相互对视了一眼，都想起昨天在龙山上巡查水情时，智瑶说的那番令人毛骨悚然的话来。

"先生讲的道理，我们不是不明白。"对张孟谈，韩魏二人不知何时已客气起来，"我们也并非故意助纣为虐，只是这纸貔貅着实蛮横无理，不得不让他三分，我们也从不奢望瓜分你赵氏土地这等便宜事会落在我们头上。我们怕只怕刚有倒戈之意，灾祸就会降身啊！"看来，这俩家伙平时被智瑶欺负得够呛，连想想反击之事都怕招来拳头。

"难道这个军帐之外有间谍？"张孟谈说。

"这个倒不会，我早已命令帐外三十米之外不准有活物。"韩康子说。

"那么，账中有纸貔貅安放的窃听器、针孔摄像机？"

22

壹 雄才也需英才辅

"哦……咱们这个时代好像还没那玩意儿……"

"那不得了！此事出你俩之口，入我之耳，出口转内销，连上帝都蒙在鼓里，两位还担心个毛线！"

韩、魏相互对望一眼，不约而同坚定地点了点头。

于是，三人头凑在一起……

商议完毕，张孟谈原路返回城中，向赵无恤汇报。

听到居然能绝处逢生，赵无恤激动得又唱起来：

我不想说，你很牛叉

我不想说，你很神奇

可是我不能拒绝心中的感觉

看看可爱的你，摸摸真实的脸

我的心情你能理解……

"好了，好了，主公洗洗睡吧，明天还有大事呢……"

第二天晚上，按照约定，在韩、魏两军的掩护下，赵军派特种兵神不知、鬼不觉杀死守护堤坝的军吏，掘开晋水的堤岸，使晋水反灌智瑶的军营。智瑶的军队因此大乱，韩、魏二军趁乱从两翼夹击，赵无恤则亲率敢死队从正面突围。里应外合之下，连淹再杀，智氏全军覆没，智瑶这个纸貔貅终于撑破肚皮，成了个死貔貅。

最死心眼忠义奖： 豫让

颁奖词：报知遇者恩，不愧真君子；为知己者死，此乃国士心。即便报仇，也定是光明正大，磊落坦荡；纵然万难，仍不屑出卖信义，背后捅刀。吞炭为哑，唱得出回

肠之曲；漆身为癞，掩不住正气浩然。生死一心，智瑶泉下可含笑；斩衣三跃，豫让虽败亦堪荣。

"嗤—嗤—嗤！"三声令人心惊的裂帛之声响后，一团剑气悄然散去，一件华美的长袍，碎成几片，兀自从空中花雨般散落。

"哈哈哈哈！"一个浑身疥疮、衣衫褴褛的丑汉，以剑杵地，仰天大笑，嘶哑的笑声惊飞了树上一群鸟雀。包围他的赵国兵士，手中剑戟竟然与之共振，犹自颤动。

"吾可以下报智伯矣！"笑罢，那汉子嘶声叹道，倏然间，横剑自刎，一腔热血从剑锋处喷出，溅红了石桥栏杆。

"真国士也！"包围圈外，马上端坐的赵无恤，不由得心中一痛，怅然叹道。"传令，厚葬国士！"

消息传出，赵国的忠士贤臣，无不落泪。

这个以一己之力，跟整个赵国死磕，却又令赵国上下击节赞叹的丑汉，就是豫让，智瑶的旧臣。

其实，豫让本不是丑汉。

那时，豫让还是一个抱负远大的有志青年，在晋国六卿里的范氏和中行氏那里打工，却壮志难酬，一直得不到重用。后来，范氏、中行氏覆灭，豫让又到智瑶那里应聘，得到智瑶的赏识，从此，尽心竭力辅佐智氏。

哪知，智瑶狂傲冒进，遭赵、韩、魏三家合谋，兵败被杀，不仅智氏一族惨遭屠灭，地盘被瓜分，他自己的头还被赵无恤割下来，将头盖骨刷上油漆，做成酒杯，每一杯恨意十足的酒，赵无恤饮下去，都会感受到十二分的快意。

壹 雄才也需英才辅

每一念此,豫让的心就像是已经愈合的伤疤,被再次扯开,鲜血淋漓,满嘴的腥味。

智瑶败亡后,豫让逃亡到山中,却始终关注外界的动向。当听到智瑶那悲惨的结局时,豫让默默叹了口气,在心中暗暗发誓:士为知己者死,女为悦己者容。如今最知我者死而遭辱,不为他报仇而死,魂魄如何有面目去见知己!于是,密谋复仇。

这一日,志得意满的赵无恤在自己的宫中大宴群臣,用智瑶头骨酒杯,喝了不少酒。忽觉内急,摇摇晃晃地起身去如厕。刚走到厕所门口,心中突然感到很是不安,有种不祥的预感在脑中升起。于是大喊一声,召来士兵,搜查厕所,却只在里面找到一个正在打扫卫生的太监。

"此人不是太监!拿下!"赵无恤虽然酒醉,仍头脑清楚,见此人虽着太监服饰,却英气逼人,眼露杀机,叱令立即逮捕。兵士搜其身,果然搜出贴身匕首一把。

"你是何人!从实招来!"

"我乃豫让,智伯旧臣,藏匿于此,只为报仇!"豫让被缚,却毫无惧意,乜眼盯着赵无恤,凛然答道。

"主公,此智贼余孽,不可姑息,当立即诛之!"身边家臣谏道。

赵无恤上下打量了一遍豫让。但见这汉子穿奴衣而无奴颜,遭囚禁而无囚态,顶天立地,不怒自威,已有了几分惜才之意。心中盘算一二,便道:"为失败者复仇,不做墙头草;背得势者而驰,肯划逆水舟。这样的人是大贤人、大义士,我若诛之,岂不寒天下忠臣之心?放他走吧,最多今后我躲着他

罢了。"

士兵松绑。豫让一愣，随即恢复傲然神色，向赵无恤施一礼道："赵君胸襟，果然非凡。但放虎归山，初心不改。在此别过，后会有期！"大踏步离去了。

望着那决然背影，无恤慨然：想那智瑶，也非庸才，况且身边还有郄疵、豫让等贤臣，本可成就大事，却最终身败名裂。可见，一人纵有雄才大略，若无英才辅佐，若不纳贤臣诤言，也万难成事啊。

再说豫让，侥幸得脱，不改初衷，再谋报仇大事。心想自己已然暴露，更难以接近无恤。为今之计，只有易容改型，才可避人耳目，伺机出手。于是，用一种异常刺激腐蚀皮肤的漆，涂满全身，使皮肤过敏，形成满身满脸的癫疮。虽痛苦万分，但对着水面，看到自己已面目全非，便倍感欣然。

为验证自己易容的效果，他扮成乞丐，蹲在自家门前讨饭。见妻子出来，他便上去乞讨。妻怜之施舍，并未认出眼前的丈夫。然而，当他点头道谢时，妻忽然泣道：听你声音，犹见我夫。可叹我夫，惜诺如金。为行大义，离家不归。生死杳然，于今未卜。呜呼哀哉，如之奈何！

豫让心如刀割，但还是声色不动，只道：行大义者必舍小情，夫人该为夫君自豪才是。言罢，不等妻反应，即飘然而去。

如此，豫让便知，容貌虽易，声音未改，便吞火炭自残声带。自此，无论容貌声音，已判若两人。再试妻子亲人，无一能辨。心中又是欣然，又是凄凉。不期，路遇一多年好友，从其气质神态，竟认出他来。见他如此自残，不由得抱之痛哭，"你这糊涂的一根筋！以你之才干，入职于赵氏集团，定能引

壹 雄才也需英才辅

为近臣,委以重任,到那时,报仇雪恨,易如反掌,何苦如此自戕,却万难成功!"

豫让淡淡一笑,道:"为老友而毁新朋,念旧主而弑新君,明着臣服,暗中捅刀,这才是败坏君臣大义的糊涂事,如此报仇,不如不报。如今我知其不可为而为之,报仇已不是最终目的,昭显君臣纲常,才是我辈生死价值所在。如能让天下心怀叵测的臣子幡然醒悟,终不枉我今日苦心苦行。"

几日后,赵无恤出行,至一桥上,坐骑忽然振鬣长嘶,不肯前行。无恤心念一转,立即就地加强警戒,差人严加搜查。果然,从石桥之下捉住早已埋伏多时的豫让。

"先生何以非跟我较劲呢?听说您之前也曾是范氏和中行氏的臣子,智瑶消灭了他们,您不但不为他们报仇,反而转投智瑶门下。如今,智瑶多行不义已伏诛,您却对我不依不饶,死缠烂打,这作何解释?"无恤见果然还是豫让,很是委屈。

"赵君此言差矣。"豫让被捕,仍然沉着,"当初我虽受雇于范氏和中行氏,但此二人并未当我为知己,不托重任,不付真情,待我如路人一般,我自然也当他们为路人。而智氏视我为国士,待我如手足,我当然要以国士之标准、兄弟之感情来回报于他!"

赵无恤听罢,不禁叹息流泪,"以德报恩,以直报怨,先生此举,已千古流芳。我饶你一次,也算仁至义尽。现在您也该为自己做个打算,否则,我如何还敢再放虎归山?"

"哼哼,"豫让冷笑一声,不仅不为所动,反而针锋相对道:"明君应成全忠义之举,忠臣誓当以死明志。之前您已放我一马,贤名已沽,美誉已钓。如今我之行状,已视死如归。"

只有一事相求,不知可否如愿。"

见心思已被识破,无恤也不恼怒,只是觉得可惜,便道:"但说无妨。"

"只求赵君长袍,以剑刺之,报仇之事,即算了结,豫让便死而无憾了。"

无恤默然,脱袍奉上。豫让拔剑,连刺三剑,心愿既了,慨然自刎。

豫让虽死,其魂永留。2000多年后,清末民初,又有一个青年刺客,行刺清廷亲王,事败被捕,慨然口占一绝,诗曰:

衔石成痴绝,沧波万里愁。

孤飞终不倦,羞逐海鸥浮。

姹紫嫣红色,从知渲染难。

他时好花发,认取血痕斑。

慷慨歌燕市,从容作楚囚。

引刀成一快,不负少年头。

留得心魂在,残躯付劫灰。

青磷光不灭,夜夜照燕台。

如若当时清政府像赵无恤成全豫让一样,也成全了这个青年,那么,如今这诗必然会入选语文、政治、历史教科书,一遍一遍出现在历次爱国主义宣传手册中。然而,周公恐惧流言日,王莽谦恭未篡时。向使当初身便死,一生真伪复谁知?

只是可惜了这么好的诗,虽然很合情境,却配不得豫让。

榜单备选人:青荓

如果说豫让是为君尽忠,那么青荓不仅是为君尽忠,还为友绝命。

豫让埋伏桥下欲袭无恤。可能是他杀机太盛，无恤的马受惊不前。在无恤命人大举搜查之前，其实还曾差遣青荓下桥探寻。青荓是无恤的家臣，同时也是豫让的发小。到了桥下，青荓发现埋伏的豫让。豫让呵斥道："滚！老子有正事！"青荓说："你我自小相交，如今你要做大事，我若如实上报，是为不义；如果不报告，你因此杀我主公，是为不忠。唉，如此，别无他路，只有一死了。"于是，退后几步，自杀而死。

不过，这都是2000多年前的事了。如今的人们，总能很鸡贼地绕过这些陷阱，无视这些悖论，更不会做这种傻事。

只是不知道，这算是一种进步，还是一种堕落。

虽然青荓也很够义气，也很死心眼，但鉴于死得太窝囊，故落选。

三老

改变政治格局的三块老姜

　　南宋有个诗人,叫杨万里,就是写"接天莲叶无穷碧,映日荷花别样红"的那个老文青。别看他一张嘴就是"西窗红月""水中柳影",可在一袭长衫之下,却藏着满腔壮怀激烈。他和陆游一样,是南宋著名的"鹰派",终生惦念的都是万里中原、王师北定。只可惜,他这只"雄鹰"始终被关在笼子里,终不能鹰击长空。悲愤之余,他写了这样一首诗:

　　　　一色三军雪染衣,拔山气力陡然衰。

　　　　三王事业无多子,却是良平不得知。

　　如果不看题目,这诗读起来让人一头雾水。但细究题目,那种"羡慕嫉妒恨"的复杂感情就一目了然了。

　　诗题——《三老董公》。

　　"三老董公"可不是三个姓董的老太监。

　　"三老"是秦汉时期一个介于民间和官方的基层职务,一般由乡里德行好、见识高、威望大的老大爷担任。秦朝时设置乡三老，汉朝又设置了县三老、郡三老，主管乡村精神文明建设，是民间的"意见领袖"、官方的"政治委员"。董公就是楚汉争霸时期洛阳新城的三老。

董公之所以成为杨万里"羡慕嫉妒恨"的对象，主要源于其在楚汉争霸中，他曾经闪耀出如同流星划过天际般瑰丽的光芒。

当时的形势是，大 Boss 秦帝国灭亡，群雄并立，项羽则是挟持着傀儡共主楚怀王的"带头大哥"。

让一个人不爽容易，让一群人不爽很难。但这个艰巨的任务，项羽居然做到了。难怪这哥们把自己封为"西楚霸王"，确实，他跟那种霸王恐龙太像了，牙齿锋利，脑仁奇小，拳头很硬，又特别任性，对小弟们随心所欲。在分封诸王时，他硬是把"大蛋糕"分得乱七八糟、天怒人怨，自己抱着块最大的蛋糕吃得很嗨，根本无视台下小弟怨恨的眼神。

俗话说得好：No zuo No die。自己抢的蛋糕吃不了，把狗都喂撑了，却只肯把蛋糕渣撒给别人吃，不革你的命天理难容啊！很快，齐、赵两地沉不住气率先发难。霸气侧漏的项羽自然无法容忍，亲率大军平乱。而这恰恰给了刘邦绝佳的机会。

如果说项羽是威震天，那么，刘邦就是那个总是一门心思搞死老大的霸天虎老二——红蜘蛛。公元前 206 年，趁项羽陷入与齐国战争的泥潭，刘邦明修栈道、暗度陈仓，挥军东出，以迅雷之势平定了三秦，正式开始与项羽 PK，由此拉开楚汉争霸的大幕。

第二年，即公元前 205 年三月，刘邦继续将背后捅刀子的

光辉事业进行到底。行军至洛阳，新城三老董公拦住去路。

"Stop！"老头儿对刘邦说，"想KO项羽当老大吗？"

"谁说不想，谁是煎饼！"刘邦咬着后槽牙回答。

"凭你这家底，就算你不是煎饼，最多也就是煎饼侠，挨削还不是迟早的事？"

"生亦何所欲，死亦何所惜……我……算了，不装×了，心里正没底呢，愿闻高见。"

"No，No，No！×还是要装的，关键是怎么装。装得差，招人骂，装得好，跟你跑。先说说你为啥打项羽。"

"这小子看我不爽，我看他更不爽。"

"你这是流氓思维，除非脑残，否则不会有人为了你而去找恐龙掰手腕。"

"其他人也早看他很不爽。"

"可他们都不好意思只因为你看他不爽而给自己找不爽。"

"等会等会，我得先捋捋你这绕口令……你是说，得把他们的不好意思变成很好意思？"

"Yes！所以，你一定要抢占道德制高点。你要把装×口号改得更有情怀，比如：送死不要紧，只要帝仇申！你得把项羽变成江湖公敌，牢牢钉在道义的耻辱柱上，然后你振臂一呼。这时候，大家于公，诛弑君者，义不容辞；于私，报受辱仇，心之所愿，结果嘛，你懂得……"

别以为这些对话是胡说八道，我不过是把董公献策的精髓，从古文版转换成古惑仔版而已。

原版是这样的："臣闻'顺德者昌，逆德者亡''兵出无名，事故不成'。故曰：'明其为贼，敌乃可服。'项羽为无道，

壹 雄才也需英才辅

放杀其主,天下之贼也。夫仁不勇,义不以力,三军之众为之素服,以告之诸侯,为此东伐,四海之内莫不仰德。此三王之举也。"

说起来,真是天作孽犹可违,自作孽不可活。项羽这愣头青不仅脑仁小,心眼更小。当初,项羽与刘邦在楚怀王面前相约:先入定关中者王之。结果,刘邦第一个打下了咸阳,项羽想耍赖,问楚怀王怎么办。他本以为,楚怀王是自己手里的木偶,该怎么回答肯定不需要自己教。谁知,楚怀王虽然窝囊,却很厚道,居然就敢回答:如约!项羽于是怀恨在心。不久前,刚刚派人偷偷将楚怀王送去见了阎王爷。

在中国历史上,弑君历来是人神共愤的大恶行。董公一口浓痰准确无误啐到项羽的七寸之上,然后告诉刘邦:照这儿往死里打!

让杨万里羡慕嫉妒恨的,正是刘邦的反应。看人家领导,醍醐灌顶,从谏如流,立即照办。于是演技大爆发:汉王为义帝发丧,袒而大哭,哀临三日。发使告诸侯曰:"天下共立义帝,北面事之。今项羽放杀义帝江南,大逆无道。寡人亲为发丧,兵皆缟素。"一代影帝的地位由此奠定。

果不出所料,塞、翟、魏、赵、殷等国诸侯积极响应,迅速集结了56万联军,新仇裹着旧恨,公愤夹着私怨,很快就端了项羽的老巢彭城。这正是杨诗第一句"一色三军雪染衣,拔山气力陡然衰"里所隐藏的故事。这其中,三老董公功不可没,其看事之准之透之远,完全堪比1600多年后的明代名臣杨荣。(明成祖朱棣发动靖难之役,攻破南京城,正打算迫不及待登基称帝之时,杨荣拦住马头,一句"殿下先谒陵乎?先即

位乎?"惊醒梦中人,保住了篡位者最后一块遮羞布。)

三老制度虽不是汉代所创,却是两汉特别重视、发扬光大且功效独特的一项制度。也许,这与刘邦尝过三老甜头有很大关系。西汉在乡三老的基础上,设置了县三老,东汉又设置了郡三老、国三老。只一个乡三老董公,就把杨万里羡慕得不得了,如果他记得另外一个县三老的故事,恐怕就会嫉妒得发狂了。

话说汉武帝一代雄主,但在执政末期,也是昏招迭出,其中最让其不堪回首的,就是太子巫蛊案。

晚年的汉武帝刘彻,异常神经质,总觉得有人以巫蛊诅咒谋害他。于是任命江充彻查这个子虚乌有的"巫蛊案"。江充是个彻头彻尾的小人,因与太子刘据有过节,便趁机诬陷太子。太子惊恐万分,一着急做出傻事,诛杀了江充,并起兵自卫。刘彻闻听暴怒,认为太子谋反,出兵围剿,血战五日,太子兵败逃跑。

那时候,没有电话,没有微信,没有QQ,战事一起,消息更加闭塞。在漫天的谣言中,太子起兵这个不争的事实,在大多数人看来,基本就坐实了造反的罪名。满朝文武噤若寒蝉,甭说早就认定太子造反,就算有几个头脑清楚的,眼见刘彻此时已然变成一条红了眼的疯狗,张嘴就是:杀!杀!!杀!!!哪敢替太子说半句好话,早就能躲多远躲多远了。

就在万马齐喑的时刻,一个老头儿千里迢迢从山西跑到长安,将一封奏章送到刘彻面前。

老头儿名叫令狐茂,是壶关县三老。在旁人看来,这根本就是一纸送死申请书。

奏章不长，现录于此，如不耐烦看，可直接略过，后边我有总结。

臣闻父者犹天，母者犹地，子犹万物也，故天平，地安，物乃茂成；父慈，母爱，子乃孝顺。今皇太子为汉适嗣，承万世之业，体祖宗之重，亲则皇帝之宗子也。江充，布衣之人，闾阎之隶臣耳；陛下显而用之，衔至尊之命以迫蹴皇太子，造饰奸诈，郡邪错缪，是以亲戚之路隔塞而不通。太子进则不得见上，退则困于乱臣，独冤结而无告，不忍愤愤之心，起而杀充，恐惧逋逃，子盗父兵，以救难自免耳；臣窃以为无邪心。《诗》曰：'营营青蝇，止于藩。恺悌君子，无信谗言。谗言罔极，交乱四国。'往者江充谗杀赵太子，天下莫不闻。陛下不省察，深过太子，发盛怒，举行大兵而求之，三公自将；智者不敢言，辩士不敢说，臣窃痛之！唯陛下宽心慰意，少察所亲，毋患太子之非，亟罢甲兵，无令太子久亡！臣不胜，出一旦之命，待罪建章宫下。

总结下来就是四句话：

1. 太子是你儿，江充是小人；
2. 太子遭陷害，江充罪该死；
3. 皇上您已疯，大家都装傻；
4. 错误你快改，我头随你摘。

你看这个奏章，通篇入情入理，满纸金刚棒喝，字字拳拳之忠，句句凛凛正气。真是胸中英雄气，笔下惊风雷。

要说令狐茂这老头儿上辈子肯定积了大德。谁都以为这盆冷水浇上去，只会作为助燃剂，让皇上头顶的怒火更加狂野。可诡异的是，冷水泼上去，那团邪火还真就被浇灭了！

读完奏章，刘彻虽然没有立即下旨赦免太子，但已经开始从狂乱中幡然醒悟。这不啻在重重铁幕上硬生生捅出一个小孔，让一丝光亮射进被兽性遮蔽的心。这也给日后为太子平冤昭雪开了一个好头。

令狐茂是县三老，还有一个郡三老的故事，更是刀光剑影，惊心动魄。

王莽新朝与东汉相交之际，王闳是乐浪郡（今朝鲜大同江南岸）的郡三老。当时正值乱世，城头变幻大王旗，当地人王调杀死乐浪郡太守刘宪，自称太守。后来，光武帝刘秀派王遵攻打王调。郡三老王闳隐忍六年，见时机成熟，便顺势而为，联合郡司法局长杨邑等人发动突袭，干掉了山寨太守王调，迎接王遵入城。因此奇功，王闳、杨邑等功臣都被光武帝封侯，但王闳却辞官让爵。

这段事迹，史载简略，但不难推想，彼时彼地，山高皇帝远，腥风血雨，政治环境异常恶劣，王闳的韬光养晦、识人阅世、时机把握、霹雳手段和淡泊心态，无不展现出他过人的智慧谋略、敏锐的政治头脑、果敢的做事风格和超然的名士风骨。

"事了拂衣去，深藏身与名。"那份从容淡定、潇洒飘逸，恐怕更会令杨万里感慨生不逢时吧。

指引战国四公子的『北斗七星』

战国时，齐国有孟尝君田文，赵国有平原君赵胜，魏国有信陵君魏无忌，楚国有春申君黄歇，慷慨重义，礼贤下士，广招门客，力撑危局，多次在危难之中显身手，其光芒甚至盖过其四国君主，一时成为传奇，是当时黑白通吃、能经常上头条的超级大哥型人物，被誉为战国四公子。

当战国四公子在波诡云谲的政治舞台上叱咤风云时，你可曾注意到，风云背后那若隐若现的淡淡星光？无论风云如何变幻，星光虽然微弱，却始终指示着正确的方向。

四公子固然能翻云覆雨，却仍需靠星光辨别方向。面朝星光，则事成；背向而驰，则事败。不过，若说起来，这些"星星"真的没有什么明星相，他们的光芒内敛而隐晦，他们有的

是豪门的食客,有的是城门保安,有的是杀猪的屠夫,有的是酒馆老板,有的甚至是烂赌的赌徒。他们散落在四公子身边,若即若离,毫不起眼,但在关键时刻,却会突然爆发,变成炫目的耀星,指引着四公子拨开层层云雾,走向正途。

司马迁《史记·天宫书》说:斗为帝车。斗,即北斗,由天枢、天璇、天玑、天权、玉衡、开阳、摇光七星组成,是天帝的车辇,只有乘着北斗,天帝才能"运于中央,临制四乡"。战国四公子的地位虽到不了"帝"的高度,但他们实际上有着比"帝"还高的影响和威望。我们不妨把他们身边那些低调有内涵的小人物,用北斗七星做一个不甚贴切的类比,看看他们是如何指引四公子立功勋、建伟业、成就不朽传奇的。

天玑——孟尝君安身立命的操盘手

天玑,别称禄存,北斗第三星,喻为财富之星。
代言人:冯谖

1

齐国孟尝君田文虽贵为相国,最近却为养家糊口之事上火。为啥?

原来,战国时有身份的人都流行养客,即包养一些保镖+智囊。田文作为大集团 CEO,在养客上自然也是大手笔,一下就养了三千门客。然而,他的年薪再加上他封地薛邑的收入,养这些人其实是有些捉襟见肘的。不过,向薛邑百姓放高利贷的收入幸好弥补了赤字。

壹 雄才也需英才辅

可是,今年年景不好,放出的高利贷,至今收不上来利息,田文的财政顿时紧张起来。没有钱,就养不起这些门客,这些家伙自然会一哄而散,这样一来,自己的实力被削弱还另当别论,作为把面子看得比天还重要的"高管",丢了面子这问题就太严重了。你说田总裁能不上火吗?

于是他贴出告示,在全体门客中招聘总会计师兼讨债代理人。谁知,这些门客猴精得很,知道这差事是烫手的山芋,搞不好引起群体性事件,饭碗就砸了,一时竟没人应聘。

正发愁时,一个家伙抱着柄破剑晃晃悠悠来了,看了一眼告示,顺手就揭了榜。这就意味着,他应聘!田文非常惊喜,喜的是:终于有人替他干这件费力不讨好的事了;惊的是:这家伙是谁?有啥金刚钻,敢揽这瓷器活?

手下人提醒他:这就是那位"歌神"冯谖啊!田文这才记起门客中的这个奇葩。于是,一年前与推荐冯谖之人的对话又映入脑海——

"这人有啥爱好?"

"吃饭睡觉算吗?"

"那这家伙有啥本事?"

"吃饭睡觉算吗?"

搁一般老板,一听这种坑爹简介,早怒了。可孟尝君毕竟是大 Boss,门下三千多吃白饭的,再多一个又何妨?就这样,穷得只剩一柄破剑的破落户冯谖,成了田文的马仔。

当时,田文家的员工分为三等:一等金领,吃饭大鱼大肉,出门宝马奔驰;二等白领,吃饭大鱼大肉,出门基本靠走;三等蓝领,吃饭白菜豆腐,出门基本靠走。冯谖是新人,

自然要从最底层的蓝领干起。

然而,这冯谖刚来就上了头条。事情是这样的:

几天后,田文向部门经理了解这个新员工的表现。部门经理报告:"甭提了,这哥们天天倚着柱子冒充文青,没事就敲着剑唱歌:'长剑啊长剑,咱回去吧,这里没鱼吃。'"

田文听了,没生气,反而觉得挺有意思,"哦!我倒要看看这家伙有啥古怪。依他,升为白领!"

过了一段时间,冯谖又出新单曲了——"长剑啊长剑,咱们回去吧,这里没车坐。"田文闻听,声色不动:依他,升为金领!

这下,大家炸了窝:原来唱歌也是生产力啊!没过多久,最新神曲再次火爆推出:长剑啊长剑,咱们回去吧,这里没法养家!

太过分了!大家实在看不下去了,你小子凭唱歌就火箭式蹿升,还不知足,还有天理吗!

田文心里也不爽,但做富豪的,天生爱较劲:小样儿,跟我玩,就不信制不服你!于是定期派人给冯谖的老娘送去吃穿用度。

冯谖这才消停了,再不出新歌了。田文也终于松了一口气,心想再较劲下去,只有把我这董事长的位子让给他了。此后,田文也没再把这家伙放在心上,直到今天,冯谖才重新回到他的视线中。哎哟,以前光较劲了,其实并没见过"歌神"本尊!于是赶紧请过来,一番寒暄过后,便急不可耐地直奔主题:您肯帮我去薛邑收债吗?

壹 雄才也需英才辅

2

冯谖自然是愿意的。冯谖之所以肯逆流勇上，是因为田文的海纳百川。从这个角度看，先秦时的知识分子是非常幸福的，他们有广阔的选择空间。不像以后，"普天之下，莫非王土；率土之滨，莫非王臣"，面对一个霸道的垄断市场，根本没有选择的权利。那时候，不仅领导有权选择下属，下属也有权选择领导，这种双向的选择，使知识分子保持了人格上的独立和思想上的自由。

有点扯远了，继续冯谖的故事。冯谖接受任务，临行前，他问了田文一个问题：收完债，买点啥回来呢？田文则给了一个后来恨不得抽自己嘴巴的答复：你看我缺啥就买啥回来。

之所以说欠抽，是因为田文不该忘记，冯谖其实是个不走寻常路的"怪蜀黍"。

"怪蜀黍"冯谖去得快，回得也快。没过几天，居然就向田文交差了。田文不明觉厉，兴奋地问道：噢，我的上帝！难道收完了？

"嗯，小意思啦。"冯谖很淡定。

"钱呢？"

"替您扫货啦。"

"哦？都买的啥？"

"临行前，您不是交待，看缺啥就买啥吗？我琢磨着您家马桶都是24K纯金镶钻的，萨摩耶都戴俩'Apple watch'，嫩模网红每天换一批，三百六十五天都不能重样，您能稀罕啥呢？可愁死我了，研究了一宿，终于明白了，您啥都不缺，唯

41

一缺的就是德……对不起,用词不当,不是缺德,是缺'仁义',所以我就把收来的债都给您买'仁义'了。"

田文一听就蒙圈了,"仁义是啥玩意啊!?"

"放高利贷追债这事吧,按说您占理。不过,理虽然占了,人情味却丢了。这些老百姓都很朴实,有钱,不用狠追,该还就还;没钱,就算我在他家门口蹲十年,该还不起还是还不起,而且时间越长,利滚利,吓得他最后跑路拉倒。如此一来,国君会认为您贪婪重利、鱼肉百姓;百姓会认为您倒行逆施、欺瞒领导,您不但血本无归,还落个祸国殃民的名声。这是揪着自己的小辫子硬往人家手里塞啊!所以,为了把您的损失减到最少,使您的利益最大,我就把那些坑爹的借据、账本统统烧掉,老百姓都为您的重义轻利疯狂点赞,现在您已经是人气爆棚,支持率一路飙升,您说您是不是赚大发了?"

田文听完,两眼一翻,差点没背过气去,心里无数头神兽奔腾而过。但他知道,人家这是站在道德制高点上扫射,自己只能打落牙齿肚里咽了。于是,露出一个比哭还难看的笑容,说:"好吧,你哪凉快哪待着去吧!"

说起来,冯谖的确是个"怪蜀黍",他以一个废人的形象登场,又以一个狂人的行径挑衅,在成功引起领导注意的时候,忽然变为普通俗人,沉寂无声;但关键时刻逆风飞扬,成为受命于危难的牛人;一出手却让人哭笑不得,成了领导眼中十足的呆人。如此的"抑—扬—抑—扬—抑",可谓古今一奇葩。其实,他只是"怪蜀黍",而不是"傻蜀黍"。他当然清楚,自己不去投领导所好,反而故意招领导厌恶,在常人看来确是愚蠢透顶。但他并不在乎,既然田文能够虚怀若谷,给他冬日暖阳，他又怎能不投桃报李、雪中送炭？而且，他绝不会送那种不经烧的"木炭"，要送就送持久给力的"黑金"——"煤炭"。

一年后，田文在自己人生的寒冬中，终于感受到了"煤炭"的温暖。那时，田文在政治斗争中失利，罢官出局，三千门客除了冯谖之外，一哄而散。他不得不失魂落魄回到自己的封地薛邑。但令他意想不到的是，他在封地的人气不但没贬值，反而遭到涨停，距离薛邑还有百里之遥，就有百姓夹道迎接。他百感交集，曾经花无数钱财包养的保镖+智囊翻脸无情，而那些只得到一点无息贷款的平民百姓，却对他不离不弃。他对身边陪伴的冯谖叹道："原来先生是做长线的高手，今日我终于享受到投资仁义生出的高额红利！"

冯谖却还是那么淡定，"狡兔三窟，这不过是第一窟而已，现在还不是吃饭睡觉打豆豆的时候，您要是信得过我老冯，就让我为您挖另外两个窟吧。"

由此，冯谖成为田文逆袭之路的操盘手，将这个过气的政治明星重新推回权力的巅峰。

3

他要做的第一件事，就是哄抬物价，大搞饥饿营销。他跑到魏国（还有一说是秦国），见到了魏惠王。齐国是传统的寡头，魏国当然不想自己的卧榻之侧有他人鼾睡，何况是齐国这么个心怀叵测的大个子，始终惦记着怎么能把这个强邻搞垮，只是苦于找不到好机会。冯谖对此洞若观火，于是上来就开门见山，"齐国把他们的 CEO 田文辞退了，哪家公司要是抢先将

这个超级经理人挖过来，必然会在残酷的市场竞争中独领风骚。"

跟明白人不用说废话，魏惠王当然明白这番话背后的意思。田文独掌齐国权柄多年，他自身治国理政的经验和手腕倒在其次，最重要的是，齐国的财政状况、内部运转、人事纠葛、对外策略等绝密情报，都装在他这个前任CEO的大脑里。得到这些，齐国等于是在魏国面前裸奔，魏国完全可以哪里不爽点哪里。等一鼓作气收购了齐王的股份，吞并了齐国的地盘，魏国也就成了诸侯中的老大。这笔账算下来，田文绝对是个不折不扣的"关键先生"。

于是，魏惠王喜出望外，立即进行人事调整，将现任相国改任为上将军，并派使者带着黄金千金、百辆豪车赴薛邑高调聘请田文。冯谖则快马加鞭，提前返回薛邑，对田文说，如此高的顶薪、如此隆重的招聘，齐王那边一定听说了，因此你要如此这般……

田文按照冯谖的策划，对魏国的使臣表示，暂时还不想去魏国，打发使臣回国。如此三次，魏使都无功而返。

舆论造起来了，阵仗显起来了，行情也跟着涨起来了。齐王是典型的买涨不买跌，一听说这事儿，吓得腿都软了，立即决定把刚刚恶意平仓抛售出的"田文股"重新买进，派重臣带着比魏国还重的聘礼跑到田文那里，又是赔礼道歉猛扇自己嘴巴，又是动之以情晓之以理，求他看在列祖列宗和黎民百姓的面子上，重新回到齐国继续当CEO。见"第二窟"已经筑成，冯谖于是继续支招，让田文趁机索取先王祭祀用的礼器，在薛邑建立宗庙——你齐王不是说让我给列祖列宗的面子吗，那

壹 雄才也需英才辅

好,把列祖列宗请我这来,列祖列宗说了,谁要是敢跟你争这个 CEO 的位置,我们就把他带走!

宗庙建成之后,冯谖对田文说,三窟已成,您可以天天吃饭睡觉打豆豆啦!

田文复位之后,原先跳槽的那些智囊+保镖又都纷纷表示愿意回来继续工作。田文恨恨地对冯谖说,这些忘恩负义的势利鬼,还真有脸回来见我!如果我看到他们,一定把一口浓痰啐到他们脸上!冯谖听后,立即向田文下拜行礼。田文奇怪,先生您没必要为那些臭不要脸的东西求情啊。冯谖于是晓以利害——大家跟你干,是因为你能给饭碗;离开你,是因为你给不了饭碗。在生存面前讲感情很扯淡,纯粹的雇佣与被雇佣关系,有时比假惺惺讲奉献讲感情讲忠诚要牢固得多。当今最缺的是什么?人才!人才比金子还贵重。大家投奔于你,你拒之门外,不仅将自己陷于孤立,还可能招致怨恨。而如果待之如以往,大家定然感激你的既往不咎、胸怀宽广,会更加死心塌地跟你干,这将是你再展宏图的重要资本!

田文醍醐灌顶,将冯谖的话奉为圭臬,任 CEO 几十年,一直平安富贵。这应该与冯谖幕后帮他做天使投资(收买人心)、推公司上市(游说列国)、谋资本运作(三拒魏使)、挖资源利用(建立宗庙)、搞资金众筹(回收门客)有直接关系。因此,将冯谖称为财富之星——天玑,可谓名副其实。

天权——春申君不听其计终遭害

天权,别称文曲,北斗第四星,能言善辩,机敏聪慧。

「小人物的大历史」

代言人：朱英

1

元末明初，辅佐朱元璋夺得天下的半仙刘基刘伯温，曾经在一本《郁离子》的书中，写过一篇叫《养枭》的寓言故事，大意是这样的：

战国时楚国太子喜欢养宠物鸟。从古至今，有钱人都很任性，宠物自然也会与众不同。楚太子的宠物鸟就很特别，竟然是夜猫子——猫头鹰。可能他也嫌这玩意叫声忒瘆人，于是每天给它喂食梧桐树的种子（梧桐是凤凰的最爱），希望猫头鹰改变一下灵魂歌手的曲风，改成凤凰一样的民族唱腔。春申君觉得很可笑，龙生龙，凤生凤，老鼠的儿子会打洞，你就是用梧桐籽撑死这夜猫子，它也成不了凤凰传奇啊。朱英听说了，对春申君说：看来你整得挺明白呀，可你包养的门客都是老鼠的儿子，你却给他们锦衣玉食，甚至赏赐给他们缀满珠宝的鞋子，像养千里马一样宠爱器重他们，幻想这些鼠辈基因变异，有朝一日能日行千里、夜走八百。这跟太子养枭有啥区别？

故事是否真实发生过，不得而知。但故事里的两个人：春申君和朱英，不仅是真实的历史人物，而且其性格、见识也基本符合史实。

春申君黄歇，是楚国的宰相，算得上有勇有谋的大神级人物，经典案例就是曾经在国际舞台上，成功表演了大型魔术"大变活人"——舍了自己的性命，将当时作为秦国人质的楚太子熊完（应该是寓言中楚太子的父亲），从秦国人眼皮子底下偷渡回国，使其继位为楚考烈王。既有救命之恩，又有拥立

壹 雄才也需英才辅

之功，楚王自然要给他丰厚回报，从此黄歇成为楚国一人之下、万人之上的宰相。

寓言中说黄歇赏赐给门客珍珠宝鞋，也确有其事。有一次赵国平原君派使者访问黄歇。这个使者比较爱嘚瑟，一身名牌，头上插着玳瑁的簪子，剑鞘上镶着珠宝，狂傲地请求与黄歇的门客会见。对于这种赤裸裸的炫富和挑衅，黄歇其实最喜欢了——这可不是我想嘚瑟哦，是你逼得哦！于是，给参与会见的自家门客每人发一双镶满珍珠的鞋子——你不是把珠宝戴在头上吗，俺们这疙瘩就兴把这玩意踩在脚下。一下就晃瞎了赵国使者24K的钛合金狗眼。

朱英就是黄歇三千门客中的一个。他的见识谋略，正如寓言中所表现的那样，不知要将黄歇甩出几条街。黄歇率领诸侯联军攻秦失败后，相位岌岌可危，正是朱英建议他将楚国都城由陈迁到寿春，避秦军锋芒，减轻楚国防守压力，他才勉强稳住了局面，保住了相位。

然而，好良言难劝该死鬼。朱英的良言正是黄歇人生的三八线，如果黄歇能始终从谏如流，他很可能会成为战国四公子中最牛的人。但他最终还是成了四公子中下场最惨的一个。

不过，这却给最爱看热闹的中国人提供了一个最佳的谈资。因为这个故事，情节很狗血，内容很八卦，有阴谋、有诡计、有色情、有虐恋、有血腥、有政变，可谓枕头、拳头、人头，头头见血；情案、疑案、凶案，案案有料。

到底发生了什么？

这其实是一出四幕大戏。现在，好戏开演！

2

第一幕：施巧计，李园献妹上位；懵入彀，黄歇播种埋雷

朱英第一次见到李园，应该是在楚国迁都于寿春之后，黄歇正处于事业低谷之时。以朱英犀利的眼光来看，极有可能会感觉出，这个从赵国来相国府应聘的家伙，绝非善类。但李园确实有一些才干，为人机敏，办事老练，黄歇很满意，很快就让他当了自己的秘书。这么一条小鱼，又能掀起多大风浪呢？也许这样一想，朱英就没再把李园放在心上。

可朱英没想到的是，李园手里有一张好牌——妹妹李嫣（史书没记载名字，《东周列国志》中称其为李嫣）。

有一天，李园向黄歇请假回家办事，却迟迟不归。回来后，向黄歇销假，黄歇问他为何延误时间。李园假装漫不经心地说：齐王派使者来向他妹妹李嫣求婚，他陪齐使喝了一场大酒，因此耽误了归期。黄歇一听立即就忘了责备李园，兴趣盎然地问：可曾下聘礼？这倒不是他精虫上脑，想到美女就肾上腺素激增。其时，他正为楚考烈王后继无人而发愁。

楚考烈王熊完贵为国君，拥有佳丽三千，却始终没有任何子嗣，甚至有可能连女儿也没有。小沈阳曰：人生最痛苦的事情是，人死了，钱没花完。而对熊完来说，则是人死了，传宗接代的任务没完。这能不让人上火吗？主子一上火，奴才的前列腺就发炎。黄歇也跟着喉头水肿，不知选了多少个大屁股、宽胯骨的女人入宫，让熊完奋力开荒播种。然而，种子没少撒，却一个都不发芽。

因此，听到李园有一个连齐王都想娶的妹妹，黄歇可能条件反射地想道：这会不会是个超级大屁股、超级宽胯骨的"好农场"？

当听到李园回答未曾下聘礼后，黄歇便迫不及待让李园将妹妹领来，让他验验是不是块绝世好"地"。

然而，当李嫣站到他面前的时候，黄歇却真的精虫上脑了。李嫣不是理想中标准的生子机器模样，屁股一点也不大，胯骨一点也不宽，相反的，胸脯超级大、腰肢超级细、皮肤超级白、容貌超级靓！黄歇咽了口唾沫，心里说：好白菜不能都让齐王拱了，"薄地"也不能让楚王种了，看来只能让我来了……

就这样，黄歇继续千辛万苦搜罗大屁股宽胯骨的"好地"进献楚王，而这块不宜耕种的"薄地"被黄歇留下，日夜勤奋耕耘。

果然是人勤地不懒。没多久，黄歇播下的种子就发了芽。

也许，黄歇会因此洋洋得意——一国之君又怎样？还不就是一头骡子？但是，比他更得意的，却是李园。

原来，李园的野心可不仅仅是攀附黄歇这个相国，他的目标是搭上终极 Boss——楚王熊完！虽然自己手里有妹妹李嫣这张绝色王牌，但他也听说熊完可能是一头生不了崽儿的骡子，即使能凭美色暂时勾住熊完，可花无百日红，君王更易薄情，一旦妹妹色衰，则一定会爱弛，需寻个金汤永固之策才好。于是，就想起了这么一个绕路借种的计谋来。

第二幕：凭魅惑，李嫣借壳上市；做美梦，黄歇长线操盘

是做一辈子黄歇的小老婆，还是抢抓有可能母仪天下的历史机遇？李园兄妹的思想高度统一。

眼见种子已经借到，是该走上"正途"的时候了，李嫣开始给黄歇洗脑：

李嫣：楚王跟您关系不错哦！

黄歇：那当然，一起吃过糠，一起受过伤，患难之交，铁！

李嫣：楚王有儿子吗？

黄歇：……没有。

李嫣：有兄弟吗？

黄歇：……有。

李嫣：您这铁哥们要是死了，谁当楚王？

黄歇：……他兄弟……

李嫣：您平时对他兄弟咋样？

黄歇：……没少整他……

李嫣：如果他兄弟成为楚王，会对您怎样？

黄歇：……

李嫣：您想避免这种状况发生吗？

黄歇：……当然。

李嫣：如何避免？

黄歇：……只有让楚王的儿子继位，我才能继续掌控局面，当权享福。

李嫣：可儿子在哪里？

黄歇：……

李嫣：我肚子里有什么？

黄歇：我的孩子。

李嫣：楚王急需儿子，而您正好有一个还在娘胎的孩子，

壹 雄才也需英才辅

您该怎样做？

黄歇：……

李嫣：楚王兄弟继位，您继续幸福生活的概率多大？

黄歇：……0。

李嫣：如果让楚王把这个胎儿当成自己的孩子，幸福概率多大？

黄歇：50%。

李嫣：如果我恰好生了男孩，您幸福的概率多大？

黄歇：100%。

李嫣：您儿子要是成了楚王，您是什么？

黄歇：双惠王中王，哦不对，是王上王。

李嫣：那时您的幸福概率多大？

黄歇：那必须爆表啊！

李嫣：那您还等什么？难道等我有了孕味儿？

话说到这份上，黄歇不用循循善诱，就知道该怎样做了。

李嫣当二奶这事，本来时间就很短，知道的人更是极少，而且孕相未显，神不知鬼不觉，正是借壳上市的最佳时机。于是黄歇雷厉风行，立即将李嫣秘密转移到一个跟他毫不相干的地方，然后通过官方途径，堂而皇之地向楚王献上李嫣。

楚王天天面对那些大屁股宽胯骨的"沃土"，都快整吐了，一见童颜巨乳的嫩模李嫣，立即拜倒在石榴裙下，成了李嫣的脑残粉。没多久，熊完同志就惊喜地发现，这次的耕种很快就有了动静！熊完内心澎湃：原来，真—爱—是—可—以—产—生—奇—迹—滴！

李嫣也真给力，"早产"生出一个健康的男婴，楚王视为

掌上明珠，立为太子；李嫣母凭子贵，成了王后；楚王爱屋及乌，李园也因此飞黄腾达，权势渐重。

3

第三幕：献良策，朱英一声长叹；变脑残，黄歇养虎为患

李园兄妹成功钻入最高权力核心之后，黄歇这块垫脚石不仅不再有用，反而可能成为他们登上权力巅峰的绊脚石。核心机密，岂能让这头"种猪"掌握？万一哪天泄了密，一切都完了。于是，李园表面上仍然把黄歇当成爷，但暗地里豢养刺客，等待时机让黄歇歇菜。

而这一切，都被朱英看在眼里。但朱英只是冷冷地看着，从不与李园正面过招，甚至尽量消失在李园的视野之内，李园几乎忘记还有他这么一个人。他当然不是害怕李园。他只不过也在等待时机。既然你李园想当一只螳螂，那么，就让我朱英来做一只黄雀吧。

几年之后，楚考烈王病重。黑云压顶，朱英知道最后的角逐即将展开。

他求见黄歇，劈头就抛出五个"毋望"：世有毋望之福，又有毋望之祸。今君处毋望之世，事毋望之主，安可以无毋望之人乎？

——在这个诡异无常的世上，给神经兮兮的老板打工，天上可能会掉馅饼，地上可能会遇陷阱，怎么能不找一个奇兵来帮您接馅饼、躲陷阱呢？

朱英的确是个超级标题党，黄歇立即好奇追问。

黄歇：天上的馅饼指啥？

朱英：在楚国，您当了二十五年老二，实则是影子老大。现在楚王眼看归西，您将辅佐幼主，继续当影子老大；等幼主长大，您愿交权就交权，不愿交权就自己接着干，反正都一样……你懂得，这不就是天上掉的馅饼吗？

黄歇：那地上的陷阱指啥？

朱英：李园把您看成他独霸楚国的绊脚石，他不管军事却长时间豢养敢死队，楚王一翘辫子，李园必然第一时间入宫夺权，杀您灭口。这不是陷阱是什么？

黄歇：那所谓的奇兵又是指的谁？

朱英：事情虽然危急，但翻盘易如反掌。您只要安排我入宫做王宫警卫，等楚王过世、李园入宫时，我一刀干掉这家伙，就是所谓的奇兵啊。

黄歇听完，竟然不屑一顾：你省省吧，你这脑洞开得可够大，就凭李园那窝囊废，他能有这套路？再说我对他那么提携关照，他绝不可能这样对我！

朱英再进言，黄歇哪里肯听。

朱英仰天长叹，天作孽犹可恕，自作孽不可活啊！我只能帮到这里了。心中失望之极，挥一挥袍袖，悄悄地走了，不带一片云彩。

第四幕：棘门外，黄歇身首异处；王宫内，李园大权独揽

十七天后，楚考烈王一命呜呼。由于宫内早已是李园兄妹的地盘，楚王驾崩的消息理所当然被暂时封锁。李园第一时间接到消息，赶入宫中，将自己的敢死队埋伏在棘门内，然后才放出楚王死去的消息。黄歇闻后，立即慌里慌张入宫。刚进入棘门，两边冲出伏兵，只一刀就断送了他一世浮华。紧接着，

那颗脑子进了水的头颅被割下，让人揪住发髻，像扔链球一样抛出棘门。

自此，黄歇梦想通过偷梁换柱，将楚国和平演变成自己产业的图谋彻底破灭。春申君的时代凄惨落幕。随后，黄氏一门，满门抄斩，只有朱英幸免于难。

也许，当朱英听到这个消息后，会再次叹息：想我朱英，运筹帷幄，却如何败在李园这小人手下?!

其实，朱英睿智如天权星，还是犯了两个错误。第一，就是小看了李园。朱英不得不承认的是，在黄歇的三千门客里，他唯一的对手，就是李园。虽然俩人的智商都很高，但区别也很明显——

朱英是鹰，盘旋于高空，俯瞰于大地，丘壑尽在胸中；

李园是鼍，潜伏于水底，攻击于不备，猎物命丧齿间。

朱英是解扣妙手，任你千丝百结、错综相连，一眼就能找到关键所在，看准轻轻一抻，立即脱套；

李园是结网天才，善布草蛇灰线、陷阱机关，让你悄然间落入瓮中，到时迅猛一击，万劫不复。

朱英出场就"点灯"，点一盏明灯，为迷茫的黄歇照亮前途；

李园出场就"下棋"，下一盘大棋，将昏头的黄歇困入局中。

然而，朱英到底是败了。他的第二个错误，就是千算万算，终究算漏了一处，那就是高估了黄歇的智商。

壹 雄才也需英才辅

天璇与开阳——促平原君成大事不纠结

天璇，别称巨门，北斗第二星，耿直明快，恃才傲物。
代言人：毛遂
开阳，别称武曲，北斗第六星，刚毅果决，勇于任事。
代言人：李同

1

公元前三世纪中叶，战国撕逼大混战进入白热化阶段。

前258年，刚刚在长平之战中坑杀四十万赵军俘虏、获得大胜的秦国，又开始对赵国展开新一波攻击。

赵都邯郸，在秦军铁甲和刀锋反射的寒光之下，犹如一只被逼入死角的大公鸡，虽然惊慌失措、羽毛零落，但凭着还算坚硬的喙，屠刀一时竟无法落下。然而，毕竟不是长久之计，时间一长，总免不了挨刀下汤锅的结局。

赵王心急如焚，知道仅凭自己一只"公鸡"根本无法击退"秦狼"，如果能集齐多只"公鸡"，运气好的话，兴许可以召唤出神龙吓跑门口的虎狼之师。于是，委派赵国总理平原君赵胜，在向魏国求援的同时，紧急出访破落大国楚国，争取与之结成"野鸡大联盟"，密谋实施代号"驱狼行动"的军事大反攻。

赵胜知道此行事关赵国生死存亡，况且，秦国盯住赵国较劲这事，他赵胜难逃干系。当初，秦国攻打韩国，把上党郡与韩国都城隔绝，眼看上党这块肥肉就要落入了狼口。上党郡守

冯亭决定，与其被秦国征服，白白养肥这匹恶狼，还不如便宜了赵国这条猎狗，让狼找狗算账，上党兴许还能坐收渔利。于是主动表示归降赵国。但赵国也有明白人，知道这块肥肉好吃难咽，搞不好会被噎死，坚决反对。但赵胜这个总理却力排众议，硬是把上党十七个城市贪婪地吞入口中。秦国哪里能容忍煮熟的鸭子被人抢走，大军矛头直指赵国，结果造成长平之战的惨败，赵国元气大伤。

肉没吃成，还惹了一身骚，赵胜心中想必也不是个滋味，便想借此次楚国之行弥补之前决策失误造成的损失。于是打定主意，如果通过谈判签下盟约最好，否则不惜以非常手段逼迫楚王就范。如此一来，事关重大，非得带几个有勇有谋的帮手才好。

赵胜以为，自己手下众多门客中藏龙卧虎，在其中挑出二十个詹姆斯·邦德绝对小意思。可是，平时这群门客喝酒吃肉吹牛皮，似乎每个人都是擎天白玉柱、架海紫金梁，给他们一个支点，都能把地球撬上天。如今，真到了是骡子是马牵出来遛遛的时候，却发现差不多都是三毛、哪吒、金刚葫芦娃——没几个像是能干大人事的主儿。只能矬子里拔将军了。赵胜在那些平时最能侃的家伙中，挑来选去才拎出十九个看起来靠点谱的，一时之间竟连二十个都凑不齐。

赵胜正上火之时，只见一人挺身而出，近前施礼道："听说您要组团到楚国打怪升级，二十个名额还缺一个，我乃毛遂，向您自荐。"

赵胜见这人其貌不扬，一点印象都没有，便好奇地问道："先生在我这里打工多长时间了？"

壹 雄才也需英才辅

"整整三年。"毛遂答道。

赵胜听了,哈哈大笑,笑得眼泪都快挤出来了。毛遂冷冷地看着他,直到他停止了笑声,才不卑不亢问道:"所笑为何?"

赵胜并不答话,吩咐左右取来一柄锥子和一个布袋,将锥子放入布袋,锥尖立即刺透布袋露了出来。"先生如果是这把锥子,为何三年来从未露头,没有一人向我推荐你,我也从未听过先生大名,这说明什么?说明先生不是锥子。您还是留下来好好看家吧。"

毛遂却并不气恼,而是接过赵胜手中的布袋,拿出锥子,问道:"现在,锥子为何不能刺破布袋?"

赵胜差点被气乐,"您不把锥子放到袋子里,如何能刺破?"

"正是!您原本就没把我放入布袋,锋芒如何能露?现在,正是十万火急,请求您立即把我放入布袋!"言罢,毛遂将锥子用力往布袋里一丢,整个锥体立即穿透布袋,"我露出来的,绝不仅仅是一点锥尖。"

是啊,如今十万火急,纠结十九人还是二十人纯粹是耽误时间。也罢,看他敢赴国难,姑且让他滥竽充数吧,反正拎包倒水什么的也要人手啊。于是,赵胜淡淡笑道:那好,您这把锥子就随我们一起吧。

听主人这话口这语气,下面那十九个趾高气扬的选秀大赛胜出者立即明白了:这是给我们十九个牛人物找一个二B勤务兵啊!不由得互相挤眉弄眼、嗤嗤暗笑:这下不用排值日表啦!

2

事不宜迟，立即动身，赵国出访团一行二十一人火速赶到楚国。楚考烈王熊完（就是那匹不能下崽的骡子）与赵胜在大殿上紧急磋商，其他二十个人在外等候。

谁知，从早晨一直到中午，谈判仍然没有结束的意思。二十个人都焦躁起来。有人说：哎妈呀，这是中午管饭的节奏啊，据说楚国的麻辣鸭脖不赖，不知能不能吃到。有人吵吵：楚国咋这样待客呢，连杯水都不管，嗓子都冒烟了。服务员！来杯冰水！也有人深沉地说：我看这次谈判，悬，不过听说楚国的黄歇也爱招贤纳士……

毛遂听着他们的聒噪，忽然冷冷道："如今天下大势，一超多极，除联合抗秦，别无良策，何故如此磨叽？等他们商量出结果来，秦军都在邯郸城里唱小苹果了！"

众人不由得为之侧目，瞧这"毛勤务"义愤填膺的模样，都觉得可笑。其中几个起哄道："先生说的对，是先生该出手的时候了！"

见他们一脸坏笑，毛遂不屑地摇摇头，忽然起身，手按剑柄，大踏步闯入殿中，劈头就问："结盟的利弊得失，两句话就说得清，你们从早晨磨叽到中午，全程马拉松都跑完了，还没谈出个子丑寅卯来，你们是打算开跨年演唱会咋地？"

楚王熊完吓了一跳，一头雾水地问赵胜："这二货是干啥的？神经没问题吧？"赵胜也有点懵，心说这"锥子爷"咋突然发飙了呢，真是要了我亲命，连忙说："这是我的跟班。"

熊完一听，这个气啊，要不是看赵胜的面子，差点就爆了

壹 雄才也需英才辅

粗口,"我跟你主人说话,你一个跟班的也敢瞎嘚啵!Get out!"

搁现在的人,这么大领导一生气,后果很严重,没吓得精神崩溃,也得大小便失禁。春秋战国时的人,特别是那些士大夫,原始的野性还未完全褪尽,骨子里的血性和高傲,让他们把人格尊严看得比命还重要,更甭说这个腹中纵横计、口中白莲花的毛遂了。

只见毛遂毫无惧色,不退反进,手握剑柄,朗声说道:"你熊老大敢对我说'Get out',不过是仗着小弟多罢了。可现在我离你只有十步之距,你人再多顶个屁用?!后世的曹植七步都能做出一首诗了,我十步要你的熊命还不跟玩一样?你胆敢当着我老板的面吓唬我,真当我是光头强吗!"

说到这,毛遂停顿了一下,"有水吗?你们楚国真抠,连瓶矿泉水都不给喝,嗓子都上火了。"熊完都听傻了,赶紧递过一杯水。毛遂一口气喝干,接着训话,"以前的牛人商汤,凭七十平方公里地盘打天下;周文王靠百里之地收服各路小弟,哪一个是凭借人多势众?哪一个不是顺势而为、借势发力、乘势而上?如今你们楚国基业的营业网点遍布五千平方公里,员工上百万,这都是争当行业垄断巨头的雄厚资本,天底下有谁能与之争锋?您说啥?秦国?白起?那个打架挺愣的熊孩子?对,没错,我们赵国的确吃了他们很大一亏,你们楚国也没少挨他胖揍啊。他带领几万小弟,仅打了三仗,就攻下了鄢城,端了你们的总部郢都,烧了你家祖坟夷陵,毁了你老熊家太庙,让你家活人成丧家之犬、死人成孤魂野鬼,这样的奇耻大辱、百世之仇,连我们外人都替你害臊,你咋还有脸在这

磨叽呢？签订盟约、抵抗秦国，主要是给你楚国报仇雪耻，哪里只是为了我们赵国！"说完还觉得不解气，又重复一句："你胆敢当着我老板的面吓唬我，真当我是光头强吗！"

我们分析毛遂这番话，一出手就先声夺人，以强大的气场镇住对方；然后引经据典，从理论的高度侃晕对方；接着放大实力，绘出美好的前景鼓舞对方；再狠揭疮疤，点燃仇恨的火焰刺激对方；最后偷换概念，用大义的烟雾迷惑对方，真可谓玄机暗藏、畅快淋漓，不仅有快意恩仇的爽直、擒贼擒王的老辣、当头棒喝的胆略，更有大开大阖的气魄、直透人心的智慧、指东打西的狡黠，打一巴掌揉三揉，再打一巴掌跟我走，从始至终就牵着对方的鼻子，其节奏虽快，每一拍却都打在点上；火候虽过，但句句戳中心窝，让人急不得也恼不得。更重要的是，在无形中改变了双方的谈判位置，硬是把求人帮忙，说成了给人帮忙，真真是得着便宜还卖乖。难怪事后赵胜称赞毛遂：以三寸之舌，强于百万之师。

删繁就简，毛遂其实主要说了三层意思。第一，武力威胁：你牛你嘚瑟，但我就喜欢你看不惯我又干不掉我的样子，而且我还能轻而易举干掉你；第二，形势分析：虽然你矮，但是你胖啊，虽然你胸小，但是你脸大啊，秦国老霸道了，但你楚国也不是没货啊；第三，激发斗志：三军可夺帅，匹夫不可夺其志，祖坟让人刨了都不敢吱声，你这么衰，你爷爷知道不？

一通雷烟火炮轰下来，楚王熊完蒙头转向，真就熊了，立即唯唯诺诺，"好、好，先生说的对，我一定举全国之力来履行盟约。"毛遂确认道："盟约算是签订了吗？""对，签订了。"熊完回答。"那好，下面举行签约仪式。"毛遂转过身，命令楚王的侍从说："取鸡、狗、马血来！"

古时歃血为盟，因身份不同，用的血也不同，国王用牛马之血，封国贵族用猪狗之血，贵族以下用鸡血。毛遂端着盛放牲畜之血的铜盘献到楚王面前说："大王应先吮血以表联盟诚意，下一个是我的主人，最后是我。"三人歃血完毕，毛遂又招呼外面那十九条都看傻了的好汉，"诸位大神，你们也在下面歃一下吧，你们虽然只会喝酒吃饭泡妞吹牛皮，但毕竟跟着走了这一遭，也跟着沾沾光吧。"至此天璇星毛遂的演出完美谢幕。

3

任务完成，赵胜一行人立即返回赵国。楚国履行盟约，派春申君黄歇带兵支援；魏国的信陵君魏无忌一番波折之后，也驱兵救赵（这个故事下面细说）。

然而，远水不能解近渴。援兵未到，可秦军的攻势却越来越猛，城中军民难以支撑，邯郸这只公鸡眼看就要变烧鸡。

城外，金戈铁马，狼烟遍地；城内，弹尽粮绝，易子而食；相府中，忧国忧民的赵胜同志，端着纯金酒爵，喝着1982年的拉菲消愁，连面前三分熟的澳洲菲力牛排、柳橙法国鹅肝、俄罗斯鱼子酱都没了滋味。

忽然，一缕香奈儿5号的幽香飘入鼻孔，原来是婢女进来禀报，说有一个少年求见。赵胜醉醺醺地挥挥手：不见不见。

"他说事关邯郸存亡，务必……"婢女还未说完，便听到一阵急促的脚步声传来，转眼间已到近前。婢女忙说，"相国

还未召见,你怎么就闯进来了?"

赵胜透过迷离的醉眼,看到一个仪表堂堂但脸色憔悴的青年在他面前站定施礼,便挥挥手,打发婢女下去。

"你是何人?"赵胜打了一个酒嗝,问道。

"我乃邯郸政府招待所所长之子,李同。"

"你来此何事?"

李同看了一眼赵胜手中的酒爵和面前的珍馐美味,面色凝重地说:"如今邯郸危如累卵,您就不为赵国担忧吗?"

"大胆!你说这话何意?"赵胜将酒爵往案几上重重一墩,斥道:"赵国灭亡,我堂堂相国也要做阶下囚,如何不忧愁!"

"哈哈哈哈!"李同竟然放肆地大笑起来,"我看不见得!您要是担忧,邯郸百姓饿得走路打晃,把死人骨头当柴烧,互相交换孩子当饭吃,您怎么可能喝得下这美酒、吃得下这大餐?您要是担忧,城中缺兵缺将缺士气,没粮没饷没兵器,削尖木棍当长矛弓箭,您怎么可能守着这满屋的珍宝珠玉、让几百个姬妾仆从伺候着而泰然自若?您要是担忧,街上军民衣不蔽体,食不果腹,您怎么可能还有绫罗绸缎给侍女穿、有鸡鸭鱼肉给奴婢吃、有香奈儿5号给美女用?!"

"我……我这不是愁的没办法才借酒消愁嘛……"

"您这纯粹是抱着金碗愁没钱。在此危急存亡之际,如果您现在把家中除夫人之外的几百人编入军队,守城御敌;把家里的粮食鱼肉、珠宝细软统统分发出去犒劳士兵,大家怎能不感恩戴德、斗志昂扬!"

"……"赵胜张张嘴,想说什么又不好意思说出口。李同早已看穿他的心思,顿足喝道:"这都到什么时候了,您还舍

壹 雄才也需英才辅

不得这些身外之物!一旦秦军破城,这些东西还是您的吗?如果邯郸得保,您又愁没有这些玩意?"

一句话便让赵胜豁然开朗,立即对李同这个毛头小伙肃然起敬。看起来,这赵胜还真是没有糊涂到家,还能领悟"皮之不存,毛将焉附"的道理。而历史上,更多的王公贵胄都是高度近视眼,其视力只能看到眼前的富贵荣华,无法发现富贵背后的重重危机。他们只知道一味地与民争利,盘剥压榨,巧取豪夺,吃的脑满肠肥,一肚子大便,却从不懂得还利于民,总是为富不仁,视百姓为草芥。当有人打算改革,对利益进行再分配时,他们都像被踩到睾丸一样,痛红了眼、气炸了肺,不择手段打击那些动了他们奶酪的人。他们根本意识不到,吃得越多,民众的怨气就越重,自己的罪恶就越大,面临的局面就越险,一旦最后一根稻草压死了骆驼,当初吃进去的东西加倍吐出不算,总还要搭上自己甚至全家的性命。

幸好赵胜比他们强一些。按照李同的建议,赵胜将家眷派到守城一线,又散尽家财,趁着士气大振、同仇敌忾之际,招募了三千敢死队员。李同请缨加入敢死队,率领三千勇士,趁秦军不备,骤然突袭。

秦军本以为邯郸已是案板上的鱼肉,很快就会引颈受戮,哪里想到赵军突然小宇宙爆发,三千个疯子像恶狼一样杀将过来,又是天马流星拳,又是庐山升龙霸,真是乱拳打死老师傅。秦军措手不及,竟被打退三十里。

此时,楚国、魏国的援军也已赶到,秦军三面受敌,溃不成军,邯郸之围终于得解。

而李同这颗刚毅勇猛的开阳武曲星,亦在激战中壮烈殉国。

杀破狼——让信陵君在大动荡中成大英雄

天枢,别称贪狼,北斗第一星,灵敏机巧,足智多谋。
代言人:侯嬴
玉衡,别称廉贞,北斗第五星,个性冲动,高傲暴烈。
代言人:朱亥
摇光,别称破军,北斗第七星,善恶分明,坦白直率。
代言人:毛薛二公
杀破狼,本是七杀、破军、贪狼的合称。杀破狼格局表示动荡和变化,此类人一生漂泊,大起大落,却有着一举成名的英雄体质。因廉贞星与七杀星性质相似,故以其替代。

1

如果说,四公子是波澜壮阔的战国历史长河中四艘竞帆而前的大船,那么,信陵君魏无忌也许不是最大最华美的一艘(四人中只有魏无忌没做过相国),但一定是其中最勇猛、最壮美的一艘,他逆水行舟、劈波斩浪,两次屹立于秦国激起的滔天巨浪之上,绝对有资格笑傲战国群雄。

不过,引导他在乱世中建立奇功、成就美名的,却是几个籍籍无名的小人物。每一次在重要的转折点上,如果没有他们,恐怕信陵君纵使有吞山河之气、挽狂澜之力,也只能千古空余恨了。有一个谜语可以从某个角度来说明这一点:侯嬴、朱亥、毛公、薛公,信陵君敬而畏之(打一成语)。至于谜底,看完文章,自会揭晓。下面,就让我们来看一看信陵君魏无忌是如何被赋予"杀破狼"的命运吧。

2

魏无忌人生中最高光的一刻,自然就是窃符救赵了。

在上一篇中,秦国攻赵,邯郸被围,平原君赵胜在出使楚国求援的同时,也向魏国发来十万火急的求救"电报"。之所以没有亲自到魏国,可能是赵胜以为,赵国与魏国关系这么铁,根本不用自己亲自出马,仅仅二指宽的小纸条——哦,对,那时候还没有纸,那就是二指宽的小竹签,魏国就会嗷嗷叫着窜过来并肩作战。也难怪赵胜会有这种幻想,赵国与魏国不仅在历史上渊源很深,政治上唇齿相依,而且还有打断骨头连着筋的至亲关系——赵胜的老婆是魏国信陵君魏无忌的亲姐姐,而魏无忌与魏王又是同父异母的亲兄弟。即:赵胜与魏无忌,以及魏王,是姐夫与小舅子的关系。

可是,作为政治家,赵胜这样想就太天真了。在政治的博弈中,亲情永远都是被利用、被玩弄的。无论是2000多年前的古代,还是文明高度发达的现代,国与国之间,从来都是只讲利益,不讲感情。即使真有"两国传统友谊",也只是民间那种可疑又脆弱的感情,如果官方把所谓的两国友谊作为真实的存在,成为影响外交的关键因素,那么,其后果可能就像赵胜求援魏国一样。

接到赵国的紧急求援,魏王知道赵、魏是一条绳上的蚂蚱,也准备派大将晋鄙率十万大军支援。但秦国闻讯后,立即给魏国下通牒:谁要想为赵国两肋插刀,我不仅满足他的愿望,给他两肋插上刀,还会额外赠他菊花一刀!魏王胆怯,忙

令晋鄙停止进军，在距离邯郸百里之距的邺城驻扎，隔岸观火。

赵胜见此，又气又急，派使者一个接一个地来催促魏国，指责信陵君魏无忌：我之所以娶你姐姐做老婆，主要是看你小子厚道，关键时刻能顶我。可如今我马上就要吹灯拔蜡了，你们魏国的救兵却还在看笑话，你说你够意思不？！就算你不给我赵胜面子，难道你就忍心看你姐姐做亡国奴吗？

魏无忌不同于魏王，不当家不知柴米贵，自然希望能够不惜一切代价救援赵国。听到姐夫的责难，心中更是焦急，千方百计劝说魏王赶快出兵。但魏王担心秦国的"菊花一刀"，就是不肯出兵。魏无忌见劝说不动，心中悲愤，决定即使螳臂当车，也要舍生取义。于是召集自己门客中那些年轻力壮、英勇善战的，凑齐战车一百辆，以赴死之心悲壮地朝邯郸进发。

车队经过城东门时，魏无忌特意找到侯嬴，倾诉自己与秦军死战到底的决心。

侯嬴是谁？魏国都城大梁东门一个七十多岁的门卫。魏无忌一个超级官二代，竟然低声下气地找看门老头掏心掏肺，这怎么可能呢？甭说您惊诧，这事就算在当时，也是够上八卦新闻头条的了。

当年，魏无忌与侯嬴这对忘年好基友之间的特殊感情，的确轰动了大梁的各种各样的朋友圈。如果那时有微信，一定会被这样的标题刷屏：

娱乐版如：《魏无忌疑似出柜，对象竟是老保安》；

知音版如：《震惊：信陵君与夷门监之间不得不说的故事》；

励志版如:《老门卫也有春天:他靠这个融入上流社会》;

鸡汤版如:《看门大爷苦学不辍,王族贵胄向其致敬》;

微商版如:《揭秘:底层蓝领让公司高管情有独钟只因用了它……》;

社会版如:《高颜值小鲜肉与七十老翁高调秀恩爱》……

当然,事实并不是那个样子的,而是这样的:

小隐隐于野,大隐隐于市,侯嬴正是这样的大隐。隐士之所以隐,原因也许五花八门,但其中最主要的一个原因,恐怕还是感觉自己的怀中之玉,还未遇到识货之人吧。宁可深藏不露,也不愿减价处理,更不愿沉沦于泥沼。在这样的隐士心中,其实一直在等待一个人,一个真正懂得他的价值,并愿意使其价值最大化的"大买家"。侯嬴之前的姜尚,之后的诸葛亮,都是这样的隐士——他们从骨子里讲,到底还是一个"士"。

侯嬴也在等一个人。

终于有一天,这个人来了,带着贵重的礼物来看望他。一个门卫,说好听点叫保卫科长,本来社会地位就挺低,平时那些大官小官对他都是呼来喝去,能有人这样尊敬地来探望他,按常理说,他应该受宠若惊、感激涕零的,更何况这个人还是身份尊贵的魏王之弟——魏无忌。

但侯嬴云淡风轻:咱穷,但咱不是屌丝,没有理由接受您的重礼。不想青史留名的隐士不是好门卫,侯嬴阅人处事七十年,知道自己越是轻财,对方越是看重他价值。他不是拒绝,而是火候未到。

果然,没过几天,魏无忌就来接他到府上赴宴,而且亲任

司机，空出最尊贵的左位让他坐。他清楚，火候差不多了，但他还是决定再试他三试。

一试真诚。既然你空着尊位，管你是真心还是假意，坐便是。于是他毫不客气地一屁股坐到位子上。瞥魏无忌：一切如常。

二试肚量。没行多远，他说，自己有个朋友在农贸市场卖肉，请公子顺道带我去拜访一下。魏无忌二话不说，驱车前往。在乱哄哄、臭烘烘的肉铺前，他知道魏无忌府上高朋满座，只等他们归来，却还是与屠夫朋友朱亥天南地北一通海侃。又瞥魏无忌：颜色不改。

三试耳根。告别朱亥，二人终于回到魏府。果然宴会上肉已硬，酒已冷，那些来赴宴的王侯将相、上流社会的 ladies and gentlemen，早等得不耐烦了。见玉树临风的平原君竟然恭恭敬敬地将一个破衣烂衫的干瘪老头子引入上座，并向大家隆重介绍，顿时一片哗然，怀疑、嘲讽、轻蔑、愤怒、怨恨的眼光箭一样射过来，甚至还能听到低声的异议。再瞥魏无忌：不为所动。

酒过三巡，魏无忌忽然走过来，诚恳地对侯嬴说："Happy Birthday to you！"原来，今天是侯嬴的生日，这场大 party 竟是专门为他祝寿！三试之后，居然还有这样一个大彩蛋，侯嬴彻底放心了——魏无忌确是自己可以为之付出一切的好东家！

侯嬴向魏无忌敞开心扉，中心意思就是：我今天如此装 B，目的就是让大家都知道你这个礼贤下士的领导有多牛！

从此，侯嬴成了魏无忌的智囊。

壹 雄才也需英才辅

3

魏无忌悲壮赴死,找找忘年交好基友诉诉衷肠,当然是再正常不过了。也许他没有别的奢望,只盼老侯能义气地拉住他的手说:我生君未生,君生我已老,恨不生同时,只求同时死。走,哥哥陪你刀山火海里走一趟!多给力、多感人、多有范儿!

哪知道,这老侯听完,竟然不痛不痒地说:奋斗吧,少年!哥老了,就不给你添麻烦了。

画风不对啊!魏无忌准备迎接的豪气义气浩然气、友情激情同志情在哪里!魏无忌有点懵,但又没法苛求这老头儿——你自己自作多情,凭啥要求人家给你配戏呢?

讪讪上路,走出好几里路,魏无忌越琢磨越不是滋味:平时待老头儿不薄啊,甚至别人都怀疑我跟他之间咋地了呢。可如今生离死别了,这老家伙竟然啥表示没有,不科学啊!于是,调转马头,再找侯嬴。

见魏无忌回转,侯嬴大笑道:我就知道你会回来的。公子对我那是没得说,我送公子却啥也没说,公子气不忿,必然会再来找老头我算账。公子礼贤下士,地球人都知道,如今公子有难,被逼之下居然想搞自杀式袭击,真以为我们这些门客是吃白食的吗?这不是在羞臊我们吗?

哦,酱紫啊,原来是老头儿走心了。不过,看来这老炮儿有高招啊。魏无忌赶紧赔罪,讨要妙计。

侯嬴屏退旁人,向魏无忌密授机宜。他的解题思路是这样的:救赵→需要军队→调军队需要兵符→兵符在魏王卧室→卧

室里有宠妃如姬→如姬欠公子你的人情→请如姬偷出兵符给你→调集军队→救赵拒秦。

这个思路看起来很简单，却显示出侯嬴巨大的能量：国际上风云突变的局势他知道，国家军队如何调配运转他知道，兵符如此绝密重要的东西放在何处他知道，魏王的宫闱秘闻他知道，如姬与魏无忌之间的关系他也知道，如姬肯不肯替魏无忌卖命他还知道。您说魏国这点事还有他不清楚的吗？不夸张地说，他可谓事无巨细皆藏胸中，既能从宏观层面献韬略，又能从操作层面出主意。

这里面，兵符是关键中的关键。所谓兵符，又称虎符，百度解释：是用青铜或者黄金做成伏虎形状的令牌，劈为两半，一半交给将帅，另一半由皇帝保存。只有两个虎符同时合并使用，持符者才能获得调兵遣将权。

哎呀！魏无忌一拍脑门，这逻辑我咋就没想到呢？请如姬冒死玩"无间道"，这在别人看来不可能的事，对他魏无忌来说却毫无压力。当年如姬的老爹让人杀了，全国人民都没办法。如姬找到这个黑白两道通吃的小叔子哭诉，魏无忌二话不说，派门客找到仇人割了脑袋送到如姬面前。对此如姬一直想还人情，却始终没有机会。现在请她帮忙，绝对妥妥的！

果然，如姬的确有邦德女郎的潜质，很快搞到了兵符，交给了恩人魏无忌。无忌大喜，手中紧握兵符，感觉好像已掌十万兵，火燎屁股一样就要上路。侯嬴连忙阻止：且慢且慢！将在外君令有所不受。晋鄙是个老狐狸，即使他验明兵符无误，也很有可能不交兵权而是去报告魏王，那样可就是狗咬包子——露馅了！

壹 雄才也需英才辅

"那咋办?"魏无忌瞪着一双天真而无助的眼睛问。

"您还记得我曾经探望过的朋友屠夫朱亥吗?别看那哥们傻大黑粗一糙老爷们儿,其实也是个大隐士,不但有才,而且力大手黑。带上他,如果晋鄙识相,一切好说;不识相的话,这哥们可以立即让晋鄙变成晋瘪。"

"我曾经多次去拜访这哥们,但他一点面子也不给啊!"

"那是时候未到,如今该他大显身手了,他不会推辞的。"

果然,听到来意,朱亥大笑,"承蒙公子瞧得起我这个屠夫,之所以以前假装傲娇,是因为觉得还不到非我出山不可的地步。今天,这个时候终于到了!"朱亥遂加入魏无忌的团队。

魏无忌再次向侯嬴辞行,侯嬴说:"有心与君同行,无奈力不从心。你抵达晋鄙大营之时,就是我北望自刎之期。"

至于侯嬴为何要自杀,历来说法不一。有的说,是害怕魏王追究他的责任。这个自然是扯淡,他要是怕事之人,何必趟此浑水?此说太小看侯嬴。有的说,窃符救赵是高度机密之事,只有死人不会泄露机密,为让魏无忌放心,因而自杀。这也不对,此说又小看了魏无忌,再说,如真为防止泄密,就应立即自杀,何必等到魏无忌抵达晋鄙大营?还有的说,是为了报答魏无忌的知遇之恩。这也很可疑,留得青山在,才能有更多机会报知遇之恩,何必着急自杀?

其实,我们不能以现代人的心理揣测春秋时的古人。魏无忌距晋鄙大营需行数日,在此期间,兵符如此重要之物被盗,魏王会不会很快发现而后火速通知晋鄙?刚才我们分析过,侯嬴绝非普通怀才不遇的穷酸腐儒,而是有大谋略、硬手腕的狠角色。如果事情败露,侯嬴一定会充分调集各方面隐藏的人脉

和资源,阻止或延误魏王与晋鄙的联络,这也许就是他为何要"数公子行日,以至晋鄙军之日"才自刎的缘故。而他之所以在民间蛰伏几十年,就是要不鸣则已、一鸣惊人。当魏无忌杀晋鄙夺军权救赵国之日,也就是他生命礼花最璀璨的绽放时刻。他已年逾古稀,时日无多,魏无忌也很难再回到魏国。知己远去,人生价值也已实现,红尘乱世,再无可留恋之处。既已做到生如夏花般绚烂,干脆死也如枪火般壮烈吧。一千年后的唐朝诗人王维所写《夷门歌》,隐约表达的,可能也是这个意思吧。诗曰:

> 七雄雄雌犹未分,攻城杀将何纷纷。
> 秦兵益围邯郸急,魏王不救平原君。
> 公子为嬴停驷马,执辔愈恭意愈下。
> 亥为屠肆鼓刀人,嬴乃夷门抱关者。
> 非但慷慨献良谋,意气兼将身命酬。
> 向风刎颈送公子,七十老翁何所求。

4

再说魏无忌带着朱亥日夜兼程,赶到驻扎在邺城的魏军大营。见到晋鄙,魏无忌拿出兵符,说奉魏王之命前来接管军队。晋鄙半信半疑地将自己的兵符与之相合,果真不假。但正如侯嬴所料,晋鄙是见过大世面的老油条,即便兵符真实无误,还是疑窦丛生,双眼犀利地盯着魏无忌说:"我统领十万大军陈兵边境,肩负魏国千秋基业,凭你一个人就来夺我兵权,这事⋯⋯也太蹊跷了吧,我绝不⋯⋯"话音未落,"嘭!"一声闷响,晋鄙的脑袋像娄西瓜一样,一下瘪了下去,身体随

壹 雄才也需英才辅

之重重摔倒在地。

魏无忌也吓了一跳,看到旁边朱亥,手中擎着一根四十斤重的大铁锥,锥上还滴着鲜血。

他其实是有心理准备的,知道很可能会发生不得已的流血冲突。因此,心中惴惴不安——这可能也是引起晋鄙怀疑的一个因素吧。哪知,脑海中的导演还没喊出 action,想象中刀光剑影的武打镜头还没来得及打场记板,事情就已经结束了,快得都没看清朱亥是如何从自己宽大的袖子中抽出大铁锥,又是以怎样的姿势砸向晋鄙脑袋的。

原来,只有真正的高手,才能一招致命。虽说只是简单的一招,但里面的时机火候,拿捏得恰到好处,使将起来,其稳准狠,绝非一日之功。朱亥这颗玉衡星,就这样用百分之一秒的时间,干成了关系魏、赵、秦三国兴亡的这件惊天大事,扭转了国际战争的走向,从而也将自己定格在中国两千年的历史画卷中。而此时,远在魏都大梁的侯嬴,也面向邺城方向,横剑自刎,天枢星就此陨落。

魏无忌顺利夺取了兵权,率领大军火速驰援邯郸,与楚国援军及突袭秦军的赵军敢死队合围,击溃秦军,把赵国从生死线上拉了回来。魏无忌因此成为赵国的恩人,被待为上宾,赵王还赐予了封地。魏无忌知道自己窃兵符、杀晋鄙、夺军权,几乎与叛国无异,回到魏国绝不会有好果子吃。因此,打发军队返回魏国,自己则与门客们留在了赵国。

魏无忌最大的爱好就是访贤问能,结交奇士。现在,寓居赵国,他成了最大的闲人,自然更以此为乐事。他早就听说赵国有俩草根大V,个性古怪,就爱说直理,是一呼百应的意见

领袖。他们一个叫毛公,酷爱买彩票,赌场就是他的乐土;另一个叫薛公,比较有情调,最爱泡吧,把酒馆当成了家。魏无忌就喜欢结交不走寻常路的奇人异士,对这两个奇葩大感兴趣,多次拜访,但都吃了闭门羹。土豪最是任性,人家越是不搭理他,他的征服欲反而越强。于是,他充分调动自己的各种眼线,终于掌握了这俩神人的行踪,悄悄步行摸了过去,把二人堵了个正着。三人一盘道,呦,对脾气,对方都是自己碗里的菜,从此成为好基友。毛薛两位大V粉丝遍天下,见毛薛与魏无忌都互粉了,也都纷纷成为魏无忌的脑残粉,连平原君赵胜的门客,都有一半转粉信陵君了。

转眼十年过去了,动荡的国际形势依然继续,秦国又向魏国举起了屠刀。魏王鸭梨山大,知道只有寓居赵国的兄弟魏无忌有能力抗击虎狼之师,便急派使臣请无忌回国以救国难。

然而,魏无忌对王兄的认识还停留在十年之前。他不认为王兄是要委以重任,而将王兄的请求视为引蛇出洞、瓮中捉鳖之计,因此拒绝被钓鱼执法,甚至严厉警告手下的门客:谁敢多嘴替魏王使节通报传达,杀无赦!门客们知道这位爷的脾气是敢说敢干的,谁也不愿触这个霉头。

魏无忌正自气闷,毛薛二公要求觐见。二人刚进来,魏无忌就表示,休想劝他。哪知,这哥俩根本没打算劝他,上来就骂——

你以为赵国将你像爷似的供着,各诸侯国把你像偶像一样捧着,完全是凭自己牛吗?还不是因为你的祖国魏国给你当后盾!你的根在魏国,现在秦国侵略魏国,你不想赶紧回去保家卫国,反而躲在这打自己的小算盘,真要等魏国被秦国灭了,把你祖坟刨了、宗庙拆了，难道你还有啥脸活在世上?!

毛薛二公不愧为心直口快的摇光星，他们没有像小男人一样，斤斤计较魏王到底有没有钓鱼执法的阴谋，而是从更高的层面上对魏无忌当头棒喝：有根的人，人家把你的屁当成曲儿；没根的人，人家把你话当成屁。舍本求末，到头来只能是无家可归！

魏无忌本就不是一个小格局的人，一经指点，立即醒悟，马上启程驾车回国。到了首都大梁，兄弟相顾垂泪，自带的魏国版陈奕迅《十年》悄然唱起：十年之后/我们是朋友/还可以问候/只是那种感情/再也找不到拥抱的理由/兄弟最后难免沦为朋友……

这首歌可不是瞎唱的，当魏无忌以自己的国际影响力，召集五国联军共同抗秦，成功打赢魏国保卫战，并将秦军赶回函谷关内之后，他就能深刻体会到这首歌的悲哀含义了。

这是题外话，等以后有机会再细说吧。

对了，前面出的谜语，您猜出来了吗？

（谜语答案：肆无忌惮）

为什么受伤的总是我
—— 看看那些历史的炮灰

　　一个太监,如果不是像十常侍那样野心勃勃,不是像王振那样 no zuo no die,不是像安德海一样飞扬跋扈,不是像魏忠贤一样贪得无厌,那么,他混好了,很有可能成为受主子宠信的高力士;即使混不好,无非也就是个终身劳碌的保洁员、勤杂工,总不会招来什么杀身之祸。

　　可有这么一个太监,只因为武功高强,竟然被选为御用杀手,身不由己地卷入了一起——哦不,是好几起宫廷谋杀案之中。更不走运的是,他两次奉主子之命追杀的那个家伙,竟然福大命大造化大,不但没有命丧他的刀下,反而摇身一变最后竟成了他的新主子,你说悲催不悲催。令人不可思议的是,这个倒霉太监不但不怕新主子报复而逃之夭夭,反而找上门去要待遇。更不可思议的是,新主子不但不翻旧账,反而对他礼遇有加、委以重任。这剧情反转的,看起来真是太假了。

　　不过,这个情节真不是我瞎编的,而是确实发生过。

　　剧情发生在公元前 636 年,这个太监名叫勃鞮,也叫寺人披。被两次刺杀、两次跑掉,最后成了寺人披新主子的人,叫重耳,也就是大名鼎鼎的春秋五霸之一——晋文公。

　　公元前 656 年,重耳的老爸——昏聩的晋献公,受二奶骊姬的挑拨,选中寺人披去刺杀自己的亲儿子。幸亏重耳腿脚利索,翻墙跑掉了,不过仓皇中还是被寺人披割断了一只衣袖。后来重耳的兄弟夷吾即位为晋惠公,仍然派寺人披追杀重耳,但重耳居然又跑掉了。再后来,重耳借助秦国的力量,回到晋国夺取了君主宝座。

　　不过,这寺人披似乎并没把自己当外人,居然跑去想加盟重耳的团队。重耳自然很气愤,说:就算当时你是不得已奉命刺杀于我,但也用不着那么积极啊——我爹给你一夜的时间,你却以博尔特的速度立即赶到了;我弟给你三天的时间,你竟然只用两天就赶到了,你这是跟我有多大仇啊。

哪知寺人披也有自己的一套理论,中心意思是说:我只对事,不对人;我工作的原则就是领导交办的事,作为员工必须百分百尽心尽力完成。现在你做了领导,也同样需要我这样忠诚执行命令的员工。

晋文公不愧是襟怀宽广的一代明君,当即就原谅了寺人披,并将其纳入自己的团队。而作为回报,寺人披也送上一份厚重的见面大礼——举报了两个大臣准备焚毁宫室杀死重耳的阴谋。

其实,寺人披这种小人物能够反转剧情、反转自己的命运,可谓是可遇难求。如果他碰到的不是晋文公这种雄才大略的人物,就算你是身怀绝技的绝世英才,就算你再怎么巧舌如簧句句在理,恐怕也是厄运难逃吧。

寺人披的奇迹毕竟是小概率的个案。残酷的事实是,在历史的洪流中,绝大多数小人物要想把握住自己的命运,几乎是不可能完成的任务。

没错,历史就是波澜壮阔的大江大海,人们总是习惯于注目搏击风浪的沙鸥,赞叹千磨万击屹立不倒的中流砥柱,羡慕畅游其中的鱼豚鲸鲨,为那些乘风破浪的弄潮儿大声喝彩。但是,历史并非只有一张面孔、一副心肠,它是严肃的,也是荒诞的;它是博大的,也是暴虐的;它看似一本正经,实则**最**爱恶作剧;它有时候温情脉脉,可更多的时候是冷酷无情;它在成就很多人精彩的同时,也在毁灭很多人的生活;它是一些人

独领风骚的舞台，也是更多人注定走向的坟墓。人们经常忽略的是，在惊涛拍岸之下，那些如蝼蚁、如草芥、如尘埃般的傀儡、贱民、无名卒、替死鬼、两面派、垫脚石，他们根本无处逃避，更无法抗争，需要他们做的，只有等待，等待被拍成齑粉，等待沉入海底，等待随波逐流，等待消融其中，就像从未在这个世界出现过一样。

寒风萧瑟里的金枝玉叶

冲喜： 帝国最后的春药

据说现在的宅男宅女流行玩穿越，而且但凡一穿，都爱往宫里扎堆，不是皇上太子，就是娘娘公主，反正怎么富贵、怎么傲娇怎么来。

好吧，就依你们。今天我们也玩一次穿越。

女士优先，时光机首先向美女敞开抽屉。

什么？你说你想穿成个皇后过过瘾？当然没问题，虽然老

套了点，但我们一定会满足客户愿望滴！

什么？你说最好帮你找一个开国皇帝做老公，因为开国皇帝大都比较专情，比如汉光武帝刘秀与阴丽华、隋文帝杨坚与独孤皇后、唐太宗李世民与长孙皇后、明太祖朱元璋与马皇后……OK，没问题！

什么？你嫌唐宋明清太热门，都让大家穿滥了，担心在那边碰到熟人，几个闺蜜为抢皇帝哥哥伤了姐妹情分就不好了，不如穿得远一点、冷门一点。嗯，这个要求有个性，我喜欢，没问题！走起！

一阵炫目的白光闪过之后，你睁开眼，发现正是乍暖还寒的早春时节，而自己身穿盛大的礼服深衣，外面还披着一件极其华丽的黄色貂皮；面前，是巍峨的未央宫，身后，一百二十名嫔妃打扮的绝色美女个个都低眉顺目。哇！瞧自己这身行头、这阵仗，必然是统领后宫的国母皇后啦！

这时，果然听到一个太监尖声宣旨：宣——新皇后史氏觐见万岁！

于是，你挺起高傲的胸脯，得意地随太监迈上高高的台阶，学着古装电视剧里的模样，盈盈下拜：臣妾拜见皇上，万岁万万岁！

"皇后平身吧。"听到皇帝的声音，你可能感觉有点不对劲：这声音怎么又苍老又疲惫？不是想象中充满荷尔蒙的虎啸龙吟啊？抬头一看——My god！说好的命中真龙天子呢！说好的暖男帅哥呢！

对不起，这位女士，投诉无效，我们完全是按照你的要求量身定做的。第一，你现在绝对是如假包换的真皇后。第二，你的老公绝对是假一赔十的开国皇帝。第三，你现在穿越的朝代绝对是小众中的大冷门，据我们所知，你是第一个穿越于此的人。

是的，现在是公元23年，正是两汉之间的新朝；你的老公是新朝开国皇帝王莽——当然，也是末代皇帝；你呢，是王莽刚刚迎娶的新任正宫娘娘——史皇后。

说起来，史皇后也算是皇亲国戚。她的祖上是汉宣帝刘询的祖母——史良娣；她的父亲则是京兆杜陵世家大户史谌。

本来，史皇后家境好，又有一定的家族背景，应该是一个典型的白富美，如果按照正常的生活轨道走下去，无非就是找一个门当户对的好人家嫁了，相夫教子，终老一生罢了，虽然平淡乏味，但也算得上岁月静好吧。

然而，她恰逢的正是乱世。王莽虽然将西汉"和平演变"成新朝，但他的"乌托邦"治国方略很快就让帝国的大厦倾斜，国政一塌糊涂，民变蜂拥而起。此时——公元23年，正是新朝病入膏肓、眼见归西的最后时刻。

此前两年，王莽在结发妻子归西之后，一直没再立皇后。而在这王朝岌岌可危即将覆灭的时候，王莽突发闲情逸致，居然高调搞起了"皇后选秀"，而且不只是选一个皇后，同时还遴选了嫔妃一百二十名。为此，已经六十八岁的王莽，还特意将花白的头发胡须都染得黑油油，估计伟哥、玛卡之类的补品也没少吃。王莽的这个反常举动，当然不是为了寻欢作乐，合理的解释，应该是给这个行将就木的王朝"冲冲喜"，同时也是硬撑着向全国上下示强：不管风吹浪打，胜似闲庭信步，敌军围困万千重，我自岿然不动，纵然是黑云压顶城欲摧，仍可

以谈笑间樯橹灰飞烟灭。

然而，他自己在悬崖绝路上卖萌跳大神不打紧，我们完全可以当成笑话来看，只是可惜了被他绑架上舞台、跟他一起表演行为艺术的一百二十一名妙龄少女。她们三月份入宫，仅仅半年之后，绿林军就杀入首都常安（长安），王莽被大卸八块，皇宫被烈火焚毁，史皇后这些花儿一样的女子，还没来得及享受向往中的荣华富贵、纸醉金迷，还没机会实践传说中的钩心斗角、步步惊心，就被吹散在这疾风暴雨之中。短命的史皇后在史书中杳然无踪——自然不可能像传奇小说中杜撰的那样逃之夭夭、隐姓埋名。覆巢之下焉有完卵，既然已经跌进了政治的漩涡，想全身而退几无可能。她最后的下场极有可能跟其他嫔妃一样，被绿林军将领霸占，然后……哪里还有然后。

五十一道灰： 从皇后到公主

1

什么？你说你要修正你的要求？想穿越到一个王公贵胄之家，做一个天然萌的"小公举"，再嫁一个皇帝小鲜肉，然后从皇后一直做到太后……啧啧，如此这一辈子就算是超值了，想想都流口水啊！

好吧，客户的满意是我们永远的追求，一定满足你的要求！调整时光机参数，重新启动！

又一阵炫目的白光闪过之后，你睁开眼，面前是一个相貌丑陋的老头……等等，这人怎么如此面熟？不会吧！这丑老头

贰 为什么受伤的总是我

居然还是王莽!

淡定,淡定,别惊慌,别生气,此王莽非彼王莽,你先听听他怎么说。

这时,王莽正拉着一个身穿皇帝服饰、五六岁小男孩的手,涕泪横流地说着什么:昔周公摄位,终得复子明辟;今予独迫皇天威命,不得如意!你利用时光机自带的翻译功能,明白王莽这话的意思:我这个代理皇帝本想把权位还给你,可老天爷不干,我也没辙啊,只能由你将皇位禅让给我啦!说完,王莽哭得梨花带雨("一树梨花压海棠"的那种梨花),演技纯熟得完全可入围奥斯卡金像奖。

这时太监拖着长声高声道:请定安太后移驾定安馆!

别发愣,说你呢,你就是定安太后。

你刚才看到的正是西汉与新朝政权和平交接的历史性时刻。这一年是公元9年,即王莽始建国元年,王莽五十四岁,那个小男孩叫孺子婴,是西汉最后一位皇太子,从此之后改封为定安公,你——刚刚被改封的定安太后,其实是王莽的女儿,只有十八岁——史书未记载其名字,据说在《魏郡王氏族谱》中名叫王嬿,为便于行文,我们也称其为王嬿吧。

这究竟是怎样一个奇葩的组合呢?旧太子是新皇帝的外孙(名义上),新皇帝又是太后的父亲……看着有点乱,那咱们就从头捋一捋。

虽然史书没有涉及王嬿的童年生活,但以现在的标准来看,她这个超级高干子女,必然是生在金屋下、长在蜜罐里,骄横是必然的,刁蛮是天赐的,任性是铁定的,混蛋是意料之中的。

不过，王嬿的父亲王莽，可不是一般的高干。就像白居易诗中所说：周公恐惧流言日，王莽谦恭未篡时。他既是儒家道德规范最忠诚的维护者和最坚定的执行者——至少在他篡位之前是这样；又是不择手段保护自己利益的冷血杀手，即使是自己的亲生儿女，也休想逾越他的这两道底线。他的四个嫡子中，大儿子王宇因反对父亲专权，被父亲逮捕入狱，以毒酒夺命；二儿子王获因杀死一个奴婢而被父亲处死；四儿子王临因与王莽侍妾私通，密谋杀父，而被父亲逼迫自杀。

由此，可以想象，有这样刻板而冷酷的父亲，估计王嬿很难享受到浓浓的父爱，更不敢撒娇发嗲吧。在外人眼里无比优越高傲的王嬿，自小就目睹了身边父子相残的人伦惨剧，其实应该时刻处在战战兢兢、如履薄冰的恐惧状态。直到十三岁时，父亲为她找了一个如意郎君，她才努力说服自己：父亲还是爱她的。

父亲给她找的如意郎君就是当朝皇帝刘箕子（刘衎），为此，父亲还颇费了一番心思。

公元前1年，年仅九岁的汉平帝刘箕子即位，王莽依靠他的姑母——太皇太后王政君开始独揽大权。公元2年，王莽就以皇帝未立皇后、后继无人、易生后患为由，奏请为皇帝选妃立后。不过，可能是他的心思隐藏过深了，有关部门不能领会他的用意，竟然海选了一大堆美女供皇帝挑选，包括王嬿在内的王氏家族的女子也是不少。但这样一来，王嬿就被淹没在众多佳丽之中，很难脱颖而出。

直接向皇帝推销自己的女儿，这不是王莽的性格，以退为进、声东击西、欲擒故纵才是他的拿手好戏。于是，他谦虚地上书，请求让自己的女儿退出选秀大赛。哪知道，太皇太后不知是真明白还是假糊涂，竟然同意了王莽的请求。

不过不要紧，王莽的这个迂回战术，已经成功将女儿王嬿推上各大媒体的头条，成为公众聚焦的热词。所有人都恍然大悟，原来在"超级女生"一百强中竟然隐藏着伟大的安汉公（王莽）美丽贤淑的女儿啊！这还用选吗？王嬿不当皇后简直天理难容啊！于是，上至公卿大夫，下至平民百姓，大家群情鼎沸，众口一词，所有民意都指向了十一岁的小女孩王嬿，请求太皇太后收回错误决定，立安汉公之女为后。这时候，王莽又适时站出来阻止大家的请愿，结果当然是越阻止请愿的人越多，众望所归的浩大声势最终令太皇太后无可奈何地将王嬿内定为超女冠军。王莽也只有"无可奈何"地听从了民意。

就这样，公元4年，十三岁的王嬿在父亲的精心谋划下，终于成为十四岁汉平帝刘箕子的皇后。

2

母仪天下、成为国母，几乎是天下所有女子想都不敢想的绮丽之梦。对于王嬿来说，这自然也是天大的美事，她几乎真的相信，自己的父亲其实是爱她的，无限美好的人生前途已经在她面前延展开来。

然而，现实却残忍地抽了她一记狠狠的耳光。

公元5年，汉平帝刘箕子驾崩了。

还正在宴尔新婚中的少年夫妻，竟然这么快就阴阳相隔。刚刚十四岁，她就成了寡妇。王嬿虽然不敢相信这是真的，但美妙的蜃景还是不可挽回地消失了。

一开始,王嬿也许会悲戚地向上天呐喊:为何造化如此弄人?为何我的命这么苦?但很快,一些风声悄悄传进了她的耳中:有人说,汉平帝并非是因病而亡,而是……而是被王莽用毒酒所害!(《资治通鉴》载,汉平帝怨恨王莽擅权跋扈,王莽便先下手为强,毒死了皇帝。)

这真是比丈夫去世还令她震惊绝望的晴天霹雳。她心底最后的家园,轰然坍塌,瞬时觉得自己已经被整个世界抛弃,即使拥有成堆的金银,成群的奴仆,辉煌的宫殿,她还是一无所有。她终于明白了,父亲对权力的爱胜过一切,即使是自己亲生女儿的幸福和前途,也可以毫不犹豫地随时拿出来交换、出卖、抛弃。

颇具讽刺的是,越是不幸,王嬿的地位却是越高。公元6年,为了能更牢固地掌握权力,王莽无视那些已经成年的宗室子弟,而立了汉宣帝的玄孙、楚孝王刘嚣的曾孙、广戚侯刘显的儿子、年仅两岁的刘婴为皇太子(王嬿还没有子嗣),更以刘婴太小无法治国为由,竟然再次操纵"民意",毫不客气地做起了代理皇帝。

皇后王嬿,则再次升级,成了十五岁的皇太后。

高处不胜寒,史上并列最年轻的皇太后王嬿(西汉昭帝刘弗陵皇后上官氏,也在十五岁时成了皇太后),刚刚步入生命的青春期,就跌入了人生的老年期。从这一刻起,她必须收拾起少女的心性,遏制住萌动的情感,眉宇间散发出跟容颜极不相称的沧桑和枯槁。

她想恨,却又不敢恨——那个杀死自己丈夫、毁了她一生的凶手,毕竟是她的亲生父亲啊,他可以阴毒冷酷,做女儿的

贰 为什么受伤的总是我

又怎么可以大逆不道。

那就原谅吧。但她又真的无法原谅——他们不仅是父女关系,更是君臣关系,作为女儿,可以原谅禽兽父亲;作为皇后,怎么可以原谅乱臣贼子?!

于是,她就在这种纠结中痛苦地活着,直到三年后,公元9年,代理皇帝给自己转了正,也就是你刚刚穿越时看到的那个情景。

按常理,父亲赢得了天下,也就意味着做儿女的也赢得了天下,理应欢呼雀跃才对。而在王嬿这里,这个铁律却推出了相反的结果——父亲赢得了天下,十八岁的女儿也就彻底丢掉了天下。

至此,王嬿正如苏轼诗言:心似已灰之木,身如不系之舟。她无法挽救帝国的败局,甚至连自己的命运都无力掌控,唯一可以做主的,只剩下自己一点可怜的自尊。她再也找不到理由来原谅父亲,可她又是那样的无可奈何,只能以称病不再朝拜皇帝父亲的行为,来表达自己悲愤的感情,亮明不合作的立场。

对于这个冰冷高贵的女儿,《汉书》用四个字来描述王莽的态度:敬惮伤哀。这四字可谓五味杂陈,把王莽纠结的情绪刻画得淋漓尽致:汉室太后的尊贵身份,谓之敬;惧其被人当作复辟工具利用,谓之惮;人伦亲情由此殆尽,谓之伤;如花年华却心如槁木,谓之哀。不过,依莽君为人,四字之中,怕是"惮"字占了大半。于是很快又将王嬿"定安太后"头衔撤下,换成了"皇黄室主","室主"即"公主",并且紧锣密鼓打算把她再嫁出去。

王嬿那时不过十八九岁年纪，守一辈子寡的确很残忍，再嫁本是好事，这里面，要说没有一点王莽作为父亲的怜爱之情，也是冤枉了他。不过，借此彻底剥离王嬿与前朝的关系，改变其敏感危险的汉室太后身份，怕才是王莽最主要的目的。

事实上，也的确有些居心叵测的阴谋家瞄上了王嬿这张好牌。例如，王莽登基前的心腹甄丰的儿子甄寻。

利用所谓的预言、祥瑞、符命操控民意舆论，帮助其夺取政权，本是王莽的拿手好戏。而甄寻看准了这一点，企图效仿《天龙八部》中慕容复的斗转星移神功，以彼之道，还施彼身，制作了两个符命，假借上天的口气，一个要求把京师附近地区以陕县为界分开，设立两个地区长官，由自己的老爹甄丰和另一个高官平晏，分别治理。这个王莽认了。另一个则要求将皇黄室主嫁于甄寻为妻。王莽本就对甄寻以符命要挟自己憋着一肚子气，而这个符命又一下子触动了他敏感多疑的神经，于是，他大发雷霆地说：黄皇室主天下母，此何谓也！便杀鸡骇猴，下令拘捕杀死了甄寻。

3

"皇黄室主天下母"这话有意思。"天下母"应该专指皇帝或者太子的母亲，但皇黄室主只是公主，公主是天下母，似乎有点不着调。其实，这话是王莽潜意识的一种表现。在他的潜意识里，应该仍然对自己的皇帝地位不怎么自信，毕竟他也是儒家的铁杆粉丝，靠阴谋诡计夺得江山，他的内心深处始终惶恐不安。虽然把汉室太后变成了新朝公主，但仍然不由自主地将之尊为"天下母"。可见，女儿的身份始终是他心里的一

贰 为什么受伤的总是我

个梗。

把女儿再嫁，也许可以进一步避免这种潜在的危险。但他可不想把女儿嫁给甄寻这种野心家，即使要嫁，也要嫁一个经过他严格政审的老实人。他的人选就是立国将军成新公孙建的世子。他派盛装打扮的孙大公子借探病为由，去试探王嬿的反应。史书评价王嬿：为人婉瘱有节操。意思就是为人温婉文静，又坚贞刚烈，既是软妹子，又是女汉子。如果在这之前，她是隐忍静默的软妹子，那么对于父亲强加于她的"乘龙快婿"，她一下子就变成了金刚怒目的女汉子。

经过沧海桑田的女孩，见识心智早就变得锐利成熟。面对这个送上门来的帅哥，王嬿一眼就看穿了父亲的"良苦用心"，心里也许更是凄凉悲愤——直到现在，父亲还在算计他的女儿，还在把她推向一个不忠不孝不贞不义的大陷阱。那好吧，忍无可忍，无须再忍！

她不能无缘无故痛打那个以探病为由的相亲帅哥，只好把一腔怨恨都发泄到身边的侍者身上。一通皮鞭，打在侍者身上，更是抽在孙大公子和王莽的脸上。

王莽终于明白，这个十八九岁的女孩，已经不再是任由自己摆布的女儿了，她始终是大汉太后，即使改朝换代，她仍然把自己的名字深深刻在大汉王朝的国祚之上，永不磨灭。于是，王莽从此不再勉强于她。只是，经此一事，悲愤交集的她，真的气病了。

她病倒了，她所憎恶的新朝也很快病入膏肓。十余年后，公元23年，新朝咽下最后一口气，王莽被碎尸万段，绿林军在宫中点起熊熊大火，很快就烧到了王嬿居住的承明殿。

面对汉室的即将复兴,她本应欣喜才对,但她的心头却无比沉重。复兴的还是原来的那个汉室吗?为何这些打着复兴汉室旗号的人,面目如此可憎?既然复兴汉室,为何要焚毁汉宫?现在这个大汉皇帝为何不是刘婴,而是那个低贱猥琐的更始皇帝刘玄?她之所以苟且至今,就是复兴汉室之心未死。盼了十七年,终于盼到了这一天,可是眼前的一切,跟她朝思暮想的根本是大相径庭。不,这不是我的大汉王朝,不是!一瞬间,她万念俱灰,一边轻声叨念着:何面目以见汉家!一边木然地走向那熊熊燃烧的烈火……

好吧,让一切屈辱、哀怨、悲凉,一切荒谬、阴鸷、丑陋,一切希望、坚持、爱恨,都付之于这烈火吧,也许,只有在烈火中,她绝望无助的灵魂,才能得到安息。

那一年,从少女变为皇后,再升级成太后,又戏剧般成了公主的她,其实只有三十三岁。

人造白痴: 王朝的病人

什么?你先别哭,我听不清你说的话……哦,你是说原来童话里都是骗人的,这也太凄惨了,你再也不想穿越了。

王嬿的人生的确很凄凉,但要说悲催,那个孺子刘婴——两岁被立为皇太子,五岁被废为定安公的倒霉蛋,应该更胜一筹。

自从公元9年,王莽夺得江山,刘婴就彻底堕入了人间地狱。虽然名义上他被封为定安公,但王莽并不让他到封地去,而是将他软禁在京城的宅子里,并安置层层安保警卫——这可不是为警戒刺客，而是防止他跑掉或被人劫走利用。不仅不能出院门，甚至连屋门都不能出，保姆仆人也不允许跟他说话，他就这样在一个不能上学、不能交友、不能游玩，与外界一切完全隔绝的"寂静岭"里，生活了十七年，以至于长大之后，他变成了一个连鸡鸭猪牛都不认识的白痴。

直到公元23年，新朝灭亡，他才被放出这个可怕的"寂静岭"。但是，比"寂静岭"更可怕的，竟然是外面的世道人心。

公元25年，刘婴终于被妄想从乱世中分得一杯羹的方望和弓林，当作"奇货"和政治赌注，立为了皇帝。然而，他那个只有学龄前儿童智商的大脑，根本料不到，这个迟来的"皇帝"头衔，竟是一道催命符箓。他们这个草台班子，很快被另一个政治势力——强大的更始政权，以迅雷不及掩耳之势摧毁了，方望、弓林，以及二十一岁的白痴"皇帝"刘婴，统统都被诛杀殆尽。

在政治斗争的疾风暴雨之中，即使是金枝玉叶，又如之奈何呢。

博弈暗战中的悲催小卒

躺枪之痛

1

两虎相争，最倒霉的竟然是打酱油路过的小白兔。

这可不是什么童话故事，而是血淋淋的现实。小白兔的无辜，永远不能唤醒看客麻木的心。他们的注意力，都被老虎血腥的缠斗撕咬所吸引，感官刺激带来的快感，自动将小白兔忽略成可以视而不见的背景衬托。就像历史上一场又一场的战争杀戮，一将功成万骨枯，留下名字的不过一两个将星。对他们，人们总是顶礼膜拜，千百年来津津乐道于其煌煌战绩，又有谁记得住战绩背后的累累白骨？被誉为"战神"的白起，仅

贰 为什么受伤的总是我

一个长平之战，就将四十万士兵埋入黄土；"一代天骄"成吉思汗，巨大光环的阴影之下，是一座座被屠灭的城市。名将们炫耀武功的"京观"，筑在里面的，不仅仅是成千上万具士兵的尸体，更有父母妻儿似海的血泪。然而记载到史书中，他们只是几个冰冷的数字。他们的鲜血不会"照汗青"，照亮的只是几朵妖艳的"名将之花"。难怪张养浩嗟叹：兴，百姓苦；亡，百姓苦。

今天在这里，我们不讲黄沙漫漫、刀光剑影的宏大战争，只是说一说一场不见硝烟却也步步惊心的女人宫斗。

话说汉景帝有一个妃子，名叫栗姬。此女美艳泼辣，很早就得到景帝宠幸，生了三个儿子，而且大儿子刘荣还被立为了太子。当时景帝的正宫是薄皇后，不受皇帝待见，也没有子嗣，被废掉是迟早的事。作为太子的母亲、皇帝的宠妃，如果不出意外，栗姬很有可能取而代之登上皇后的宝座。

当然，意外是一定要发生的，只是，这"意外"都是由她自己一手造成的。

以现在的眼光看，高颜值的栗姬，不过是个低情商的傻白美，不知不觉中就会给自己树敌无数。

其实得罪人这种事，也是需要胆气的。就像单位里有些人，平时看人只用鼻孔，说话办事从不考虑别人的感受，就算大家都对他咬牙切齿，他也一点不在乎，唯独对一个人他敬若神明——对，这个人就是手里攥着他前途命运的领导。敢跟领导较劲，不是脑子进水，就是无知者无畏。

胸大无脑的栗姬无疑有着超人的胆气——她对所有人绝对是一视同仁，包括皇帝的亲姐姐，甚至皇帝刘启本人，都无一例外地得罪到底。

皇帝的亲姐姐名叫刘嫖，被封为馆陶公主，又称作长公主。在当时的汉宫之中，刘嫖可是一个炙手可热的"大姐大"，不仅是母后窦太后的"贴心小棉袄"，还是弟弟景帝的"美女供给商"——弟弟是她的超级VIP客户，她始终秉持"客户就是上帝"的理念，不断对供给侧进行改革，客户的眼光、品位、嗜好、需求，被她摸得一清二楚，因此，她提供的"产品"，针对性特别强，也自然深受客户青睐，她在弟弟心里，分量也就越来越重了。

对于这样的御前大红人，别人想巴结都没机会，可栗姬竟视之如敝屣。

2

作为一个精明的生意人，刘嫖心中其实始终藏着深深的忧患感。她深知，自己虽然当下风光无限，但随着皇帝的年华老去，其"购买力"也会逐年下降，一旦没有了购买欲望，自己这个"供给商"的价值也肯定会大打折扣。万全之策就是抓紧培植下一个大客户，深入挖掘市场潜力。就这样，拥有太子，也就是未来超级VIP专利权的栗姬，便成了她积极争取的合作对象。

刘嫖的战略构想是：重金向栗姬购买"蓝筹股"——将自己的女儿陈阿娇嫁给太子刘荣。

她满以为这种强强联手的"双赢"合作，栗姬必然会求之不得。哪知道，这回却是失了算、跌了面——栗姬竟然给了她一个烧鸡大窝脖，把这门亲事一口回绝了！

贰 为什么受伤的总是我

对此,恼羞成怒的刘嫖百思不得其解:这不科学啊,这买卖对她栗姬是百利而无一害啊,如果有我这个皇帝最信得过的亲姐姐的鼎力支持,她栗姬很快就能扶正成为后宫之主,太子的地位也能更加巩固,我简直就是你美好未来的保险箱啊,凭啥不给我、也不给你自己机会呢?

其实,问题就出在刘嫖的所作所为上。

据说,有两大情感病毒足以让女人变成另外一个样子。一个是爱情,爱情能让女人智商瞬间崩溃到谷底,变成一个傻子;另一个是嫉妒,嫉妒能让女人的情商迅速降至冰点,做出一系列非理性的举动,变成一个疯子。

栗姬中的就是嫉妒之毒。让栗姬嫉妒的,正是刘嫖特供给景帝刘启的那些美女。自从这些美女进入宫中,景帝的兴趣就开始从栗姬身上转移,临幸她的次数也越来越少。而这一切的罪魁祸首,就是长公主刘嫖!

但见新人笑,哪闻旧人哭。每当栗姬独守空房之时,对刘嫖这个皮条客的怨恨就会加深几分。因此,当刘嫖腆着脸,来巴结她这个未来皇后第一候选人的时候,她第一个反应是大喜过望——当然,喜的并不是能与强大的长公主结成战略同盟巩固地位、发展势力,而是为有机会羞辱打击皮条客,以泄心中积怨的兴奋。看到刘嫖气得撅屁股走人,栗姬心中升起一种莫名的快感。

铩羽而归的刘嫖当然不甘心止步于此,而且经此一役,目标更加明确:必须扳倒栗姬。这倒不仅仅是因受辱而生恨,精明的刘嫖看得其实更远:栗姬这小蹄子还没当上皇后,就敢抽她这个长公主的脸,一旦坐上皇后甚至太后宝座,哪还有她好

日子过?既然战斗的号角已经吹响,退却就等于失败,唯有主动出击,才能消除隐患赢得胜利。于是,刘嫖迅速物色到新的同盟伙伴——景帝的另一个妃子王娡。

说起来,王娡也是个有故事的人,她入宫之前的经历也颇具传奇色彩,这里暂且不表。王娡这个名字也许不够响亮,但她的儿子你一定如雷贯耳:刘彻,也就是后来的汉武大帝。此时的刘彻刚刚四岁,被封为胶东王。像所有大人物出生一样,刘彻的出生也有祥瑞预兆。据说王娡做梦梦到有太阳落入怀中,之后就怀上了刘彻。王娡把这事跟景帝一汇报,景帝很是惊喜,认为这孩子必成大器。

刘嫖选择王娡结盟,虽然是退而求其次,但刘彻这个"潜力股"也很符合刘嫖玩长线、投入小、回报高的利益诉求。而蓄势待发的王娡也正需要刘嫖这个大股东助她一臂之力。于是二人一拍即合,定下了这门娃娃亲,与此同时,一个里应外合、前后夹击、掀翻栗姬的联合作战计划也浮出水面。

本来,一场宫斗大戏即将启幕,大家搬着马扎看热闹就是了,但城门失火,偏偏让池塘里的鱼遭了殃。

首先发起攻击的是刘嫖,攻击方式是老套但效果奇佳的谗言轰炸。她经常在景帝面前给栗姬上眼药,最要命的,是造谣举报栗姬在宫廷举办大 Party 时,让自己的亲信偷偷在那些皇帝宠妃背后吐口水进行恶毒诅咒,并且不知从哪学来了淫邪媚术蛊惑人心,把宫里搞得乌烟瘴气。

可能一开始,景帝并不相信这些鬼话。但谎言重复一百遍就成了真理,这话可不是说着玩的。况且巫蛊之术向来是宫廷里的大忌,即便景帝将信将疑,不过屎壳郎爬到脚面上——咬

贰 为什么受伤的总是我

不到人却能恶心死人。虽然仗着有往日的夫妻情义和太子这张王牌,这种捕风捉影、威力不大的谣言轰炸,还不能对栗姬形成致命打击。但在成功把脏水泼到她身上之后,美好的形象终归不可逆转地在景帝心里产生了裂痕,刘嫖的目的其实已经达到。

天作孽,犹可违;自作孽,不可活。敌人的攻击虽然恶毒,但如果自己应对得当,未必不能反败为胜。然而,栗姬却以狭窄的心胸、可笑的嫉妒、愚蠢的嚣张,亲手将自己推到了悬崖边缘。

3

那时,景帝刚刚将薄皇后废掉,正宫宝座虚席以待,引得众美八仙过海各显神通,景帝则被搞得头昏脑涨,身心俱疲。一天,景帝突然莫名其妙地对栗姬说:如果有一天,我悄然离去,请把我所有的儿子,都留在这春天里……这很明显是充满温情和淡淡忧伤的遗嘱托孤,接下来理想的剧情,应该是栗姬泪水夺眶而出,小鸟依人投入皇帝怀中,用芊芊玉手掩住他的嘴巴,哽咽地责怪他不该说这种不吉之言,然后忍住悲伤表白,会把你所有的儿子都当成如自己亲生的一般……

然而,现实毕竟不是琼瑶剧,童话里都是骗人的。花心大萝卜皇帝老公,竟然跟自己之外那么多女人勾三搭四生了十几个"野种",对这事,栗姬早就妒火中烧,根本不考虑景帝为何突然跟她说这些,火烧屁股一样暴跳如雷,发起飙来,不但断然拒绝景帝所托,甚至还出言不逊。至于如何出言不逊,正史没有明说,但《汉武故事》等野史中倒有记载,那就是居然

像农村泼妇骂老头子一样，大骂景帝"老狗"！

敢当着面骂皇帝"老狗"的嫔妃，栗姬可以傲娇地拍着胸脯说"空前绝后"。景帝也真配合，居然脸色铁青地把这出琼瑶闹剧一直演了下来，硬是控制住体内的洪荒之力没有爆发。

其实他这次托孤，虽然隐约透露出立栗姬为后的想法，但恐怕更主要的意思是试探其反应。结果没想到会是这样，这令景帝又是愤怒又是担心——还没当上皇后、太后，这娘们儿就如此忤逆，我死后她还不上天啊！想到几十年前，吕后几乎把刘邦心爱的女人和儿子诛杀殆尽，景帝内心的爆发指数已然到了临界点，哪怕一个小火星，也能轻易将之引爆。

就在这个时候，一直蛰伏着的王娡看准时机，终于出手了。

这一天，例行朝议，外事联络部部长（大行）在汇报完自己的工作之后，突然自信满满地说起了题外话："'子以母贵，母以子贵'，今太子母无号，宜立为皇后。"这明摆着是在为栗姬抬轿子，而且这话听起来也非常在理，皇帝没理由不采纳。

哪知，此话一出，景帝就像裤裆里被点燃了一支二踢脚，突然就炸了窝，暴怒道：这是你该操心的事吗？

大行一下子就蒙圈了，没道理啊，这不科学啊，怎么会这样呢？

说起来，废立皇后这种皇帝家务事，本不在大行这个外事联络部部长的职权范围之内，那属于宗正的业务范畴。但立储废后等事涉及皇统根本，是皇帝家事，更是国家大事，臣子提提意见也属正常。明朝嘉靖初年的"大礼议"事件，不就是因为尊谁为爹而引发朝廷上下大乱战的吗？

贰 为什么受伤的总是我

所以，当王娡暗中派人找到他，请他上奏赶紧立栗姬为后时，他可能还在暗自高兴：后宫不可一日无主，众所周知，无论是资历（皇帝最早宠爱的人），还是身份（太子的母亲），还是能力（据说连皇帝都不敢惹她），栗姬都应该是当仁不让的皇后第一候选人。如果自己打响拥立的第一炮，一旦成功，那可就赚翻啦！真是要感谢王夫人指点我抢下这单一本万利的好生意啊！至于王夫人为啥突然提携他，他没往深处想，或许是自己人品大爆发？抑或是王夫人想向栗姬示好？管他呢，反正这事风险小、见效快、效益高，大不了皇上不听咱的呗。

然而，他哪里知道，自己已经不知不觉被拽入了万劫不复的政治斗争漩涡。在政治斗兽场中，没有人学雷锋做好事，有的只是尔虞我诈、你死我活，钩心斗角、相互倾轧。即使是抱团取暖，也不过是依靠利益的黏合。这样看，混迹官场几十年的大行，还是很傻很天真，被人当枪使，居然还乐得屁颠屁颠。

王娡的这一招高明之极：借刀杀人，刀却是对方梦寐以求凤冠上锋利的金片；趁火打劫，被抢劫的却连劫匪是谁都不知道；无中生有，但生出来的东西又是那么合情合理；欲擒故纵，所纵是栗姬的跋扈狂妄，所擒是景帝最后的一丝温情和耐心。

果然，大出大行所料、不出王娡所料，景帝终于被逼急了。皇帝很生气，后果当然很严重，梦想政治投机的大行被处以死刑，而爱情的小船也说翻就翻——太子刘荣被废为临江王，栗姬从此再无法见到皇帝，一直到忧愤而死。最受益的当然是王娡。经过前期的铺垫（说自己的梦日入怀，刘嫖又为她

和刘彻在皇帝面前积赞无数），和后期障碍的清除，终于冲出重围，自己被封为皇后，儿子刘彻被立为太子。

可叹栗姬攥着双猫好几个炸，一手好牌却被她打得血本无归。不过这也怨不得别人。只是可怜那个连名字都没能留下的外事联络部部长，人家三个人玩斗地主，他一个旁观的，却赔掉了脑袋，真可谓闭门家中坐，祸从天上来，平白无故成了倒霉的炮灰。也许，临刑之前，大行会哀叹：为什么躺枪的会是我？

怎么会是你？因为你在旁观，因为你想参与，因为你从来没想过离开，你总是为你的弱小、单薄、没根基而自惭形秽，于是你总想依附，总想站队，总想以小博大、投机取巧。而从来不想，失去自我的人，即便是"赢了"，也难以拥有自己的世界。

不要怪命运之神不愿眷顾于你，也许，你缺少的并不只是运气。

附子之伤

1

电视热播剧《女医·明妃传》使"女医"这个古典而陌生的词变得耳熟能详，让人感觉自带光环的女主角谭允贤，似乎就是"女医"的开山鼻祖，是她在宫廷中开创了女医制度。

不过，电视剧毕竟是电视剧，如果当真，你就输了。其实，允贤与明英宗朱祁镇和景泰帝朱祁钰并无交集，朱祁钰的

贰　为什么受伤的总是我

杭皇后也跟谭允贤没有半毛钱关系，她更不是女御医。虽然谭允贤（谈允贤）的确是明朝时的一代名医，但是，要说她是女医鼻祖，恐怕允贤自己都会不好意思的。

因为，早在1600多年前，就已有女医、女御医存在。这就是西汉宣帝时的淳于衍。与电视剧中谭允贤的经历有所类似的是，淳于衍也曾被卷入残酷的宫廷斗争。

按说，淳于衍虽然在医学界有一定的影响力，但毕竟只是个单纯的技术人员，当时最多属于在上流社会边缘苦苦挣扎的中产阶级，对于错综复杂的皇室纷争、险恶异常的宫廷政治，她本来连打酱油的资格都没有。

但是，风云际会，女医淳于衍被大时代裹挟着，居然就成了一场惊天宫变的关键棋子。

这要从汉宣帝刘询说起。

汉武帝时，太子刘据因巫蛊之祸遭诬自杀，其孙刘病已，也就是后来的汉宣帝刘询，作为刘据唯一的后裔，还在襁褓中就被关进牢狱，后来又流落民间，最后汉武帝幡然醒悟，将他从民间找回，养入掖庭，算是承认了他宗室子弟的身份。汉武帝之后的汉昭帝刘弗陵无子，死后辅政大臣霍光等人迎昌邑王刘贺（即最近大红的海昏侯墓主）为帝。但刘贺不合霍光的胃口，仅仅做了二十七天皇帝，就被霍光等人废掉。刘询就是在这种权力博弈的微妙时刻，人品大爆发，被霍光拥立，捡漏成为大汉之主。即位不久，刘询就将自己患难时的结发妻子许平君封为皇后。

许平君出身低微，却是个草根女神，温婉贤淑。当刘询还是个无钱、无势、无存在感的"三无屌丝"时，她没有丝毫嫌

弃，只打算嫁鸡随鸡、嫁狗随狗地与这个"祖上曾经阔过"的落魄龙孙平平淡淡过一生。哪知，天上掉馅饼，刘询一不留神成了皇帝，她这个"糟糠之妻"自然就随之富贵起来。

许平君本以为苍天有眼、苦尽甘来。然而，这种于她最顺理成章的喜剧，有人却恨之入骨，视她为眼中钉、肉中刺。

有的人就是这样，鄙夷嘲笑人家把石头当宝贝，而一旦发现这石头竟然是浑金璞玉、价值连城时，又急红了眼、气炸了肺，大骂人家抢了他的宝贝。在他眼里，全世界都欠他的。

这个人就是霍光的老婆霍显。

2

其实，这时候的霍家已经是权倾朝野的豪门望族，但贪婪的霍显显然不认为霍家的辉煌已经到了极致。只有让新皇帝刘询成为自己的乘龙快婿，才可以让霍家的辉煌更加炫目灿烂、更加持久不息。于是，许平君就成了挡住她辉煌之路的绊脚石。

这块绊脚石在刘询刚一即位时，就已经强烈地刺激着霍显霸道的神经。那时，新帝登基，皇后还虚席以待。而权势滔天，又有拥立之功的霍光，恰好有一个名叫霍成君的小女儿。满朝文武用脚趾头都能想到，若论门当户对，霍成君自然是"倚天一出，谁与争锋"！可就在这个时候，刘询突然发出一道莫名其妙的诏书：寻找一柄自己身份低微时曾用过的宝剑。

中国人写历史，爱用春秋笔法，玩政治，则喜欢兜圈子、打哑谜。但那些官场"玩家"无不具有天生的政治敏锐性，能从貌似寻常的风吹草动、常人难以察觉的蛛丝马迹中，嗅出政治动向。皇帝这个象征意义极强的举动立即得到大家的深度解读：朕是个念旧的人。因此，揣摩到圣意的大臣们迅速转舵，集体奏请立许平君为皇后。

然而，这样的变化，让一向傲娇的"倚天剑"霍成君情何以堪。自己堂堂一削铁如泥的惊天神器，竟然落败于一柄挖野菜、切萝卜的粗鄙小剑，这是怎样的耻辱啊！不仅"倚天剑"悲愤难平，"倚天剑"的"主人"——霍成君的老娘"灭绝师太"霍显，更是咬碎钢牙，在心里早把许平君碎尸万段几十次了。既然走上了夺后之路，霍显就不打算无功而返，正像《倚天屠龙记》中的灭绝师太所说："此剑出匣后不饮人血，不便还鞘。"霍显已经在心里谋划好一个血腥的"夺后"计划。

淳于衍就是这个计划中关键的一颗棋子。

淳于衍是当时的女名医，经常出入宫廷，为后宫妃嫔诊病。既然霍显已将其看作是自己的一枚棋子，便不顾身份悬殊，上赶着与之亲近，成了淳于衍的"闺蜜"。

身份这玩意，肉眼看不到，却实实在在存在于每一个人的心中。身份的不平等最容易让人迷失自我。"朋友"的基本条件之一就是平等，因此，平民从不敢奢望与贵族成为朋友。然而，一旦贵族放低姿态主动与平民结交，平民基本上都会被贵族兵不血刃地"俘虏"。

很显然，淳于衍也不出意外地被霍显俘虏了。

这时，正值皇后许平君身怀六甲，即将临盆，却不巧染病，身体很是虚弱，正是霍显下手的最好时机。正当霍显琢磨如何拉淳于衍下水之时，淳于衍却自己找上了门。

总想抱大腿、依附于大人物，是很多小人物的悲哀之处。

结交到这样一个"超级大闺蜜",淳于衍早就乐得昏了头。当然,不止她自己认为走了狗屎运。她的丈夫——阿赏,是个掖庭护卫,也就是皇宫"贫民区"的保安,油水少、地位低,始终郁郁不得志。眼见老婆攀上了大汉第一贵妇,心中猴急,忙不迭让老婆求"超级大闺蜜"帮忙给他调动工作。只可惜这阿赏是穷人乍富,就像段子里说的那样"等我有了钱,喝豆浆吃油条,想蘸白糖蘸白糖,想蘸红糖蘸红糖",居然只是想调任当个安池监,也就相当于是御花园管理处水系景观科科长。

淳于衍听了,自豪地一拍胸脯:没问题啊!于是找到霍显,提出了请求。

霍显听了,心中大喜,真是想睡觉有人递枕头啊!连忙让左右回避,然后神秘兮兮地对淳于衍说:妹夫的事,就是姐我的事,包在姐们身上。不过,姐也有件事需要妹妹搭把手呢。

听了这话,淳于衍顿时诚惶诚恐——咱求人家是不要脸,人家求咱可就是给咱天大的脸啦!忙不迭应承。

霍显击掌称赞,显然对这个闺蜜很是满意,低声交待……

走出霍府时,淳于衍像是踩着铺满棉花的道,风吹来,后背冷飕飕的,这才发觉竟是一身的冷汗。她脑子可能有些懵,感觉刚才的对话恍然如梦——噩梦。使劲摇摇头,想清醒清醒,赶紧逃出这梦魇之局,然而没用,她头痛欲裂,根本无法摆脱这个噩梦。

醒不了的梦,就是现实。

她号称"女中扁鹊",而这次,对自己的"病",却颓然无力。

因为,她感染的"病毒",是政治,是阴谋,是她惹不起也躲不起的大人物。

3

不知不觉回到了家，她咬咬牙，努力驱散心中的恐惧和罪恶，狠下心从药房中寻出一味药来——附子，放入臼中，慢慢捣成粉末。

"附子，附子，趋炎附势之子，会有怎样的下场呢？"她一边捣，一边默默地想，刚才霍显与自己的对话再一次浮现于脑海。

霍显：小女霍成君是大将军（霍光）最宠爱的孩子，很想使她大富大贵、母仪天下。这事可就拜托妹妹你了。

淳于衍：这怎么话说呢？！

霍显：妇女生孩子犹如闯鬼门关，这两天皇后就要分娩，不如趁机下毒将她除去，小女就可取而代之、登上巅峰。这事如果成了，荣华富贵你我姐妹共享！

淳于衍听了，吓得三魂出窍、七魄升天，赶紧推脱：皇后的药是由好几位太医共同调制而成，又需别人先尝过，怎么可能有机会下毒呢？

霍显阴恻恻盯着淳于衍：这个就要看妹妹你的本事了。大将军现在一手遮天，谁敢多嘴多舌？危急时刻，姐姐我一定会保护好你的，怕只怕——哼哼，妹妹不愿鼎力相助罢了！

霍显的两声冷笑，犹如西伯利亚吹来的寒流，将淳于衍冻在当场，沉默良久。从这冷笑中，她听出了更加阴冷的弦外之音——此等罪可灭族的绝密之事，你既已知晓，那就等于上了贼船，还如何敢指望全身而退？为今之计，只有硬着头皮，将

自己的身家性命与树大根深的霍家绑在一起,也许还有一线生机。至于医德和良心……唉……

仿佛过了一个世纪,淳于衍终于艰难地吐出三个字:愿尽力。

淳于衍不愧被称为"女中扁鹊",其在妇产科方面的造诣确是当世无双。因此,她选择的作案手法,自然神鬼不觉、了无痕迹。

附子这味药,主治阳虚,有升阳功效,一般人服用,并无反应。可能也正因此,她将此药带入盘查森严的宫中,并未有人怀疑。这时,皇后许平君刚刚分娩,身体虚弱,正需进补。淳于衍趁机将附子混合在太医调制的药丸中。皇后的药,肯定会有人来试毒,但附子对常人并无毒性,自然能顺利通过安检,呈献皇后许平君服下。

可是,对于阴虚阳亢的孕产妇而言,附子升阳,无异于穿肠毒药!

果然,许平君服药后不久,就觉得头痛欲裂,痛苦地问淳于衍:"这药中有没有毒?"淳于衍忙说没有。而皇后胸中燥热郁结,犹如烈火焚身,很快就一命呜呼了。

实践证明,高级技术性人才是得罪不起的,他(她)杀人于无形,又不留下任何把柄,一个人莫名其妙地消失在世间,而他(她)却能逍遥法外。

许皇后的暴毙,是淳于衍技术生涯中的经典之作,没有任何人怀疑这是一起谋杀案,更不会有人指控淳于衍这个"杀人名医"。官方最后的结论是全体医护人员失职造成的医疗事故。虽然淳于衍作为皇后医疗小组的成员,也被收押入狱,但渎职与谋杀毕竟不可相提并论,况且,还有霍显这个"闺蜜"撑腰。她不仅没有受到任何严刑拷打,反而很快被赦免出狱了。

当然,这并非霍显多么够姐们。霍显很清楚,淳于衍作为阴谋的知情人和参与者,终究是一大隐患。要想把这事整成千年悬案,只有让她远离官方,永不开口。如此,要么就是杀人灭口、死无对证,要么就是赶紧捞她出狱、销声匿迹。而在这个敏感时期,让她突然死去,反而是欲盖弥彰,引人怀疑。所以,霍显必须要将淳于衍搭救出狱。

于是,霍显将真相告知了自己的老公大将军霍光。霍光听了,被这败家娘们吓得差点大小便失禁。但他能大义灭亲吗?显然不能,那样霍家就彻底完蛋了。因此,霍光无奈地选择了包庇。就这样,在霍光的运作下,淳于衍终于毫发无伤地逃出生天。

故事讲到这,作为主角的淳于衍,戏份已经杀青了。史书上从此再未出现过她的名字。

也许有人会惊叹,淳于衍这个蝼蚁般的小人物,居然能够从险恶的政治风暴中全身而退,简直是个奇迹。

然而,历史于无声处往往才暗藏玄机,才耐人寻味,才引人遐想。如果你是霍显,卧榻之旁,是否能容忍这样一个危险分子酣睡?恐怕,淳于衍有本事规避法律制裁,却没能力逃脱政治黑洞的引力。从此,淳于衍不仅消失在史书中,更会在人间蒸发吧。

附子,附子,趋炎附势之子,终究会被炎势所反噬吧。

野外生存时的娇弱萌宠

邓通：汉文帝的"吉娃娃"

1

如果没有意外的话，生性老实、胸无大志的邓通，也许会做一辈子撑船划水的"黄头郎"，满足于"老婆孩子热炕头"，到老无非就是那泛舟江渚上的"白发渔樵"，春天弄皱一池春水，夏天卧舟听蝉鸣，秋天闲梳鹤发对斜晖，冬天独钓寒江雪，虽然终身庸碌无闻，却不知有汉、无论魏晋，自有绵长恬淡的快乐渗入到乏味的日子中。

然而，邓通毕竟没有生在那世外桃源，冥冥中注定了他跌宕起伏的一生，必然是"满纸荒唐言，一把辛酸泪"，赤条条来,赤条条去,过程中所有的富贵和低贱,所有的荣耀与耻辱,最终都化作了一枕黄粱梦,让人嗟叹人生的荒谬诡异,命运的冷暖无常。

都说天上不会掉馅饼,然而,邓通偏偏就被一张从天而降的大馅饼,给结结实实砸了个正着。

当时,正是西汉文帝时期,邓通是国营船渡公司的一个普通船工。

古时崇尚五行理论,因土克水,黄色代表土,因此,船工制服的帽子都是统一的黄色,所以他们也被称为"黄头郎"。

那天,恰好轮到邓通到未央宫西边的苍池轮值。他像往常一样,头上戴着黄帽子,奋力撑着小船。

船队里人所共知,邓通是实诚人,干活从不耍滑,为了便于工作,他特意将上衣在身后的腰间打了一个结,一副勤恳卖力的样子。

馅饼就是在这个时候无声无息地砸到他头上的——皇帝诏见!

邓通瑟瑟发抖跪拜在苍池中的浙台上,连看都不敢看面前那个高高在上的大人物。他根本猜不透自己一个小爬虫,为何会被真龙盯上。在他看来,这恐怕是凶多吉少啊。

然而,当知道他名叫"邓通"时,真龙竟然哈哈大笑,兴奋地连连大叫:天意啊天意,邓通可不就是"登通"吗!此人正是朕梦中那个吉人啊!来人!赏!赏!!赏!!!

邓通本来就蒙圈了,这下更蒙圈了——什么情况?梦中?吉人?赏?!紧接着,一大堆亮瞎双眼的金银珠宝就摆在了他的面前。什么?这些都是我的了?这怎么可能!狠狠掐了自己

大腿一下,天呐!居然不是在做梦!但是,这不过是个开始,从此以后,他的人生开启了火箭模式,被赏赐的频率比剁手党拿快递还要高,财富呈几何级增长,累积竟达亿金,同时由临时工连升N级,很快就官居上大夫。当然这都不算什么,更让人大跌眼镜的是,皇帝——汉文帝简直把邓通家当成了自己的后花园,动不动就到他家去嗨皮。一时之间,邓通成了大汉王朝第一红人。

不是我不明白,这世界变化快。目不暇接的赏赐,猝然而至的恩宠,天翻地覆的变化,不仅让朝野上下大惑不解,邓通本人更是直接傻掉。这没道理啊,这不科学啊,皇帝脑子进了几吨水,才能干出这种诡异的蠢事啊!

其实,这也难怪大家不理解,毕竟不是《盗梦空间》,别人怎么可能猜到文帝在梦里遇到了什么人、什么事。

2

原来,文帝虽然在历史上以贤明著称,但仍然难以脱俗。他同大多数皇帝一样,都非常渴望能够长生不老、升天成仙。日有所思,夜有所梦,那天晚上,他做了一个梦。梦中,在渐台上,他修行即将圆满,却总是差一口气无法上天。就在这关键时刻,一个头戴黄帽的船工从背后奋力一推,终于帮他突破瓶颈,成功上天。他回头一看,只见那黄头郎面目模糊,但有一点深深印在他脑海里,那就是那人的上衣在腰后打了一个结。梦醒之后,他大为兴奋,认为这是上天在向他预示,只要找到这个腰后打结的黄头郎,就能修成正果。于是,赶紧跑到渐台,暗自寻找梦中的黄头郎。

贰 为什么受伤的总是我

巧得离谱、不可思议的事,就这样发生了。

不过,邓通本性老实,对于这种小概率的飞来横运,心中的惶恐远远大于兴奋,他没有像那些常见的宠臣一样小人得志恨天低,被狗屎运冲昏头脑飞扬跋扈、为非作歹,而是如履薄冰,愈加谨慎低调,很少结交外人,即便皇帝恩准他休假,他也只是宅在家里,从不去外面狐假虎威、招摇炫富。

也许他心里是明白的,自己这种无德无才的庸人,一没有经世之能,二没有识珠慧眼,三没有杀敌勇力,能有今天的地位名望财富,完全是依靠皇帝莫名其妙的宠爱,皇上就是神、就是佛祖、就是上帝真主、就是自己的重生父母、再造爹娘,自己的一切都是皇上的,皇上就是自己的一切。在他有限的大脑容量里,唯一确信的,就是必须紧紧抱牢皇上这棵大树,以自己有限的生命投入到无限的为领导服务中去,尽心竭力地让领导心情愉悦、身体健康。因为只有这样,才能像某肾宝广告说的那样:他好,我也好。

俗话说:有钱就是任性。汉文帝虽然是天下第一大土豪,但平日十分节俭,爱惜民力,从不兴建炫耀政绩的标志性建筑,一件衣服也是新三年旧三年,缝缝补补又三年。不过,对于邓通这个"吉祥物",文帝却是相当的慷慨任性。最能说明这一点的,就是著名的"相面赐金山"一事。

有一次,文帝请当时最厉害的相面大师(野史说大师为许负,曾准确预言文帝和周亚夫的命运)给邓通算命。大师认真端详后,得出一个石破天惊的结论——邓通就是一个饿死鬼的穷命。这个结论不仅让在场所有人大吃一惊,也让文帝嗤之以鼻,因为地球人都知道,邓通就是汉朝的比尔·盖茨,算不上

富可敌国,也绝对是几辈子享不完的荣华富贵,比这"饿死鬼的穷命"更荒谬的说法,恐怕只有"太阳从西边出来"了。

文帝不服输的豪气一时陡增——连好基友都保护不了的男人还算是好皇帝吗!立即霸气侧漏地表示:邓通的命运难道你说了算?寡人要是想让他做马云,他想变马粪都没机会!于是,大手一挥,当即把蜀郡严道(今四川荥经县)境内的一座铜山赏给了邓通,同时赐予他铸钱特权。天了噜,这其实就是白送邓通一座造币厂外加一间银行啊——前店放着贷、后厂造着钱,就算是美联储也得让他三分,跟皇上我斗气,分分钟秒杀你!

对于这样逆天的恩宠,邓通这个草根出身的小市民绝对是受宠若惊——不,简直就是受宠若疯、受宠若狂了。他知道即使将自己切碎了、煮烂了、榨干了,也找不到一丝一毫对国家、对朝廷、对百姓、特别是对皇帝有用的东西。既然无以为报,只能是以身相许了——咱浑身上下、里里外外、器官、人格、尊严……只要您需要,随时为您奉上!

在这方面,邓通也的确是做到了极致——"吮痈舐痔"这个极端恶心的成语就是邓通贡献出来的。文帝身上生了脓疮,非常难受。邓通看在眼里痛在心头,情急之下,干脆扑到文帝身上——哦,别想歪了,没上演少儿不宜……上演得简直特么是人类不宜啊:他竟然直接用嘴吮吸那些恶疮……不说了,出去吐一会儿……

还甭说,邓通的技术还真挺过硬,那些脓血被吮吸出来后,文帝顿感舒泰。更重要的是,邓通不仅技术好,态度还极其端正,对这种治疗方式,他没有丝毫心理负担,反而甘之如饴，只要主子因此减轻病痛折磨，他便能把那脓血品出蓝山咖啡的味道。

当然，这也正是邓通最为人所不齿的事迹。在任何一个有尊严的人看来，这种恶心到极点、谄媚到极点的行为，绝对是让正人君子唾弃的，绝对是天地道统所不容的，靠着吮痈舐痔爬上高位的家伙，绝对是佞幸宵小，他们的存在，于朝于野、于国于民、于君于臣都是如毒瘤一般的存在，必欲铲之而后快。如当朝的丞相申屠嘉，就曾抓住邓通的一次小小过错，差点就将其斩首示众，吓得邓通磕头磕得头破血流。

其实，说起来，邓通这事虽然做得是恶心了点，但也许只是朴素的感情在作怪。中国人历来讲究"滴水之恩，涌泉相报"，何况是这种"瀑布之恩"。在邓通看来，几口脓血算什么，比几百年前越王勾践尝吴王夫差大便，还差一个等级，自己不论怎样报答都是不为过的。同他的前辈嫪毐、籍孺，后辈冯小宝、张易之兄弟等相比，邓通忠厚低调，总是夹着尾巴做人，也从不插手朝中政事。例如，他所铸的"邓通钱"据说成色足、质量好，从不偷工减料、以次充好，全国人民都喜欢，可以说是比较人畜无害。

然而，天上掉下的馅饼，落到地上就是陷阱。馅饼有多大，陷阱就有多深。《易经》说得好：厚德载物。《国语》也道："唯厚德者能受多福，无福而服者众，必自伤也。"对于邓通这样一个普普通通的小百姓来说，大海一样涌来的好运，拍在他身上就变成了要命的巨浪。作为一个在自然界的江湖中撑船的"黄头郎"，他无疑是称职甚至优秀的；而若让他行走在政治的江湖中，哪怕是人生开挂、加倍谨慎，也难以躲过其中

的暗礁险滩。某次,为主子吸吮完脓疮之后,文帝一次不经意的问话,他出于本心的回答,竟然就为他日后的厄运埋下了致命的地雷。

3

文帝问:"天下谁最爱我者乎?"

邓通答:"宜莫若太子。"

这个回答有错吗?父子亲情之爱难道不是世间最真最纯的吗?至少在邓通看来,是这样的。他没有矫情做作地说是他邓通,而老老实实说是你儿子,这只能说明他的纯朴忠厚。或者,他也晓得讨好储君的重要性,只是政治智商极其有限,弄巧成拙而已。不过,有些人却将之视为邓通离间文帝父子的险恶用心。纵观邓通的所作所为,这种想法真是有些"以小人之心度君子之腹"了。

但是,不怕神一样的对手,就怕猪一样的队友。作为邓通的恩主,文帝英明一世,却在这事上犯了糊涂。他不知道,亲情也是需要经营维护的,而不能去刻意考验试探,何况是皇室亲情,掺上政治的因素,本就不纯了。

那一天,皇太子也来探望父皇。文帝想到邓通为太子进的"美言",便决定以邓通为参照物,来测试太子对自己爱的浓度——他要求儿子也给自己吸吮脓血。

当时,太子的心头估计肯定有一万头草泥马奔腾而过,老爹这是要闹哪出?但震惊之余看到父皇那威严而不容推辞的目光,他也只能硬着头皮,强忍着即将喷涌而出的呕吐物,吸了几口。技术跟邓通是没得比,态度也有云泥之别,那表情比吃了一百零八只苍蝇还恶心。

不过，总算是勉强过关。想到这可能会成为"二十四孝"的续集，成为令万世敬仰的先进典型，太子觉得这恶心也算值了。然而，后来他才知道，自己所做的这一切，跟邓通比起来，简直就是毛毛雨，人家吮痈舐痔那才是专业水准、职业态度，吮出了高度、舐出了境界，堪称里程碑式的人物。太子的心理一下子就崩溃了，尼玛你定了吉尼斯世界纪录那么高的行业准入门槛，又在父皇面前将我捧上天，这不是成心看我笑话吗？用心何其毒也！

如果是别人这样怨恨邓通，可能也不会糟糕到哪里，毕竟有皇帝这把大伞罩着呢。可是，太子就不同了，因为他终将成为替换老伞的新伞。到那时，新伞就变成了一张大网，邓通注定逃无可逃。

果然，文帝撒手人寰之后，将自己最宠爱的"吉娃娃"邓通丢给了继承者——景帝刘启，也就是当初吮过脓疮的太子。这下是新仇旧恨一起清算，邓通很快就被罢免了一切职务，又成了一介平民。可是，这只不过是个开始，更重的打击还在后面。

正所谓：破鼓万人捶，墙倒众人推。不久，一些嗅准了政治风向的人，向皇帝告发邓通，指控他"盗出徼外铸钱"，即向境外走私现金。景帝正愁抓不到那家伙的小辫子，闻此立即交办司法机关审查。司法机关自然将之办成了铁案，于是邓通全部家财统统被没收充公，甚至还欠了好几亿。

可怜邓通就像中国的股市一样，一路狂跌，满盘皆绿，从躺着睡觉都赚钱的蓝筹股，一夜回到解放前，变成了负债累累

的停牌股。虽然凭着以前比较好的口碑,邓通也获得了一些人的同情,比如说长公主刘嫖,看他可怜,又赏赐了他一些钱财,但立即就被时刻紧盯他的官吏没收充了公,连一支簪子都不允许戴在头上,搞得长公主再不敢给现金,只能接济些衣食,勉强维持他的温饱。最终,这个一代首富,竟然分文皆无,寄人篱下,落得个困顿而死的下场。

邓通没什么学问,如果有,不知道在他贫困交加的濒死之际,会不会生出像李斯那样的感慨:吾欲与若复牵黄犬俱出上蔡东门逐狡兔,岂可得乎?

当然不可得乎。因为,邓通需要为自己透支的幸运埋单。

历史是如此诡异,政治是如此残酷,人生是如此荒谬。

邓通是那么的幸运,不用寒窗苦读,不用疆场杀敌,不用勾心斗角,更不用拼爹拼颜值,就轻而易举走上人生的巅峰。

邓通又是那么的倒霉,虽然没被金钱和权力冲昏头脑,始终恪守自己的本分,如履薄冰、如临深渊、与人为善、知恩图报,但仍然无法避免被挤落深渊的厄运。

也许,对于仅仅拥有普通人思想观念的邓通来说,最倒霉之处,就在于太过幸运吧。

韩嫣: 汉武帝的 "虎皮鹦鹉"

1

鹦鹉,这种特殊的鸟儿,是段子手青睐的创作源泉,是各类笑话中最拉风的主角。关于它的搞笑故事数不胜数,比如

贰　为什么受伤的总是我

这则：

鹦鹉和猪一起坐飞机。鹦鹉问猪：喂，笨猪，敢跟老子学吗？猪大怒：有什么不敢！

鹦鹉：我会系安全带。猪：我也会。鹦鹉：我会用氧气面罩。猪：我也会。鹦鹉：我会戏耍空姐。猪：我也会。

鹦鹉打了个响指，叫空姐：来，给老子锤锤腿。猪也打了个响指，叫空姐：来，给老子锤锤腿。

空姐抓起鹦鹉和猪，从飞机上扔了出去。猪正在下坠，鹦鹉扑扇着翅膀飞过来：傻了吧，爷会飞！

其实，在道貌岸然的历史上，一些人也像那些笑话中的鹦鹉一样，犯二、张扬、嘚瑟，看起来不可一世，实则脆弱得被人轻轻一掐，就成了餐桌上的一道菜。比如说，韩嫣。

韩嫣主要有四个鲜明的个人属性。

第一个属性，官二代。他的曾祖就是韩王信（非战神韩信），祖上为战国时代韩国的君主，说起来那可是实打实的老牌贵族，不仅能书善文，而且弓马娴熟，真可谓是耍得了刀枪，写得了文章，端得能文能武。

第二个属性，大帅哥。虽然史书没有直接评价韩嫣的姿色如何，但《史记》在《佞幸列传》中开篇就说：非独女以色媚，而仕宦亦有之。而韩嫣正是佞幸序列中的佼佼者，足以证明此人应是可令腐女垂涎、直男变弯的美男子。

第三个属性，汉武帝的男朋友。韩嫣从小即与汉武帝刘彻同窗，情同手足。刘彻登基为帝后，更是一刻也离不开韩嫣，不仅封他为上大夫，赏赐的财宝堪比前代的邓通，而且高调出柜，公然与之同起同卧，是人所共知的一对好基友。

第四个属性，会来事。《史记》说韩嫣：善佞。《汉书》评价其"聪慧"。说白了，就是有眼力见儿，很会投上所好、讨皇帝欢心。刘彻登基后，决心根除匈奴大患。韩嫣敏锐地摸到了主子的脉，于是抢先一步钻研起匈奴的兵器阵法，很快就成了对付匈奴的"专家"。对于这样的"知己"，刘彻自然是将之当成贴心小棉袄。

出身好、颜值高、关系硬，你不让韩嫣炫酷狂拽屌炸天，还真是难为他了。

据说卡扎菲当权时曾有一支黄金手枪，但如果跟韩嫣小哥比起来，卡扎菲就直接被秒杀了。《西京杂记》记载，韩嫣喜欢玩弹弓，他的弹弓是用什么材质制作的，咱不清楚，但人家的弹丸可绝非普通的石子、泥球，而是以纯金打造。每天打猎，都要射出十多颗金丸。长安的老百姓不仅不厌恶这个"城会玩"的少年土豪，反而得到大家的一致爱戴。为啥？只因人家韩嫣视射出的金丸为泼出去的水，从不回收再利用。因此，韩嫣就成了大家的"财神爷"，每当听说他出去打猎，人们就像参加宋仲基的见面会，乌泱乌泱地跟在韩嫣屁股后面，韩嫣的金丸射向哪，哪就会引起一阵暴乱。以至长安的年度流行语就是：苦饥寒，逐金丸。

当然，狂拽的韩嫣是不会在乎普通百姓的反应的，因为百姓根本无法影响到他韩嫣。但是，如果他狂拽的对象是另外一种人呢？

2

有一年，刘彻同父异母的哥哥江都王刘非进京朝见。为了表示亲热，刘彻邀刘非陪自己到上林苑打猎。

这种轻松愉快的乐事，刘彻自然不会忘记韩嫣。恰好自己一时有事走不开，刘彻便让韩嫣先去上林苑勘查猎物情况。于是，意气风发的韩嫣便驾乘副车（即皇帝的从车，依刘彻对他的宠爱程度，皇帝座驾法拉利，韩嫣的也就不会低于保时捷），率领上百名盔明甲亮的卫士，策马扬鞭，銮铃脆响，一路疾驰而去。

按照规矩，江都王刘非已提前在路边恭候皇帝大驾。这时，他老远就看到一队骑兵犹如神兵天降一般，狂奔而来，心想除非皇帝，谁能有如此气势排场？于是赶紧下马匍匐在地，等候皇帝到来。谁知，那队人马不知是没注意到，还是根本不屑搭理他这个王爷，驰到近前，竟然毫不减速，径直掠过。刘非探问之下才知道，刚才自己跪拜的、视他为空气的家伙，居然不是皇帝，而是乳臭未干的韩嫣！

这刘非并非一般的王爷，他年长刘彻十二岁，十五岁时就浴血沙场，在平定七国之乱时立下大功，《汉书》说他"好气力，治宫馆，招四方豪杰，骄奢甚"。这样一个铁血猛男、一方豪强，竟然被小小的韩嫣摆了一道，好一番羞辱，怎能不激愤难当？于是跑到太后王娡的跟前告状，干脆请求朝廷收回自己的封地，让他做个皇宫保安算了。

皇太后王娡知道韩嫣是儿子最喜爱的宠物，一时也不好硬来，对刘非好一番抚慰，这才没把事情搞大，但心里已经对韩嫣这个狂妄的家伙心生厌恶。

说到这，又想到一个鹦鹉的段子：

二哥要出国旅游，让三哥帮忙看家，临走前特别交代：家

里的藏獒随便逗,别惹鹦鹉。之后,三哥怎么逗藏獒,藏獒都不咬人。三哥心想:藏獒都这样,这鹦鹉也就一破鸟,能把我怎样?遂逗鹦鹉玩。结果,鹦鹉开口说话:咬他!藏獒扑上……

三哥,享年二十七……

二哥旅游回来,带回一个八哥。到家一看此情景,悲痛欲绝,遂问鹦鹉怎么回事?鹦鹉说出事情的原因,二哥恼羞成怒,对藏獒说:干了它!

鹦鹉卒,享年一岁半……

又过了一年,二哥出远门,叫爸爸过来替他看家,临走照样安排:藏獒随便逗,千万别惹八哥。爸爸好奇,遂逗八哥。但怎么逗八哥就只说一句:老爷好!老爷好!藏獒不解又问八哥:为什么这次你不让咬他?

八哥指着藏獒:你丫不知道鹦鹉是怎么死的吗?

此次韩嫣能够逃过一劫,只是因为闯的祸还不够大,不过是伤了"三哥"的一点自尊而已,并没搞到藏獒杀人的地步。但他也清楚,自己已经得罪了不该得罪、也不敢得罪的人。以他聪慧的头脑,自然明白要解开这个"结",太后王娡无疑是个关键人物。他也努力像八哥一样,讨好太后。只是,最终却聪明反被聪明误。

3

他讨好太后的办法是:为太后寻女。

原来,太后王娡在嫁入皇家之前,已为人妻,嫁于普通百姓金王孙,且生有一女,名叫金俗。王娡的母亲听信算命先生之言,坚信女儿是大富大贵之命,便不顾一切,安排王娡抛夫弃女,再嫁当时还是太子的景帝刘启,最终如愿母仪天下。只是,女儿金俗从此再无音讯。

当时礼教不甚森严,这倒也并非什么大不了的事。不过,毕竟涉及皇室尊严,涉及太后威仪,因此,朝野上下皆万分慎重讳莫如深。

聪明人韩嫣却自认为这是自己翻盘的大好机会。他想,太后与女儿失散多年,必定日思夜念,如能帮助太后实现这个梦想,那无疑是大功一件,自己的富贵可保长久。于是,一番明察暗访,凭着过人的才干,很快就找到了金俗,并告知了刘彻。刘彻没想到又凭空冒出一个同母异父的姐姐,很是高兴,亲自将姐姐接入宫中,与母亲相见。

按照常理,见到失散多年的女儿,母亲自然会又激动又高兴。不过,一切事情在皇家都会变了味道。王娡见到女儿,第一反应绝不会有幸福的眼泪,只会有竭力掩盖的又羞又恼。其实,以太后的滔天权势,真想找这个女儿,简直易如反掌,根本轮不到韩嫣多管闲事。满朝文武也正是看透了这一点,才没有干曝光皇室花边八卦的蠢事。只有韩嫣,冒冒失失捅破了这层窗户纸,一下让老太后上了娱乐小报的头版头条。

见到女儿的那一刻,太后的表情一定是极度复杂的。她应该先是一惊,继而愤怒,然后拼命压制杀人的冲动,以奥斯卡影帝的高超演技,迅速换上一副喜极而泣的面孔,与女儿抱头痛哭。

那时,韩嫣已经被太后在心里杀死一百遍了。

果然,没多久,太后就给韩嫣安了个秽乱后宫的罪名,下

令让他自行了断。为了自己的宠物，刘彻也是蛮拼的，亲自替韩嫣向太后求情谢罪。然而，把柄好不容易抓到，怎么可能松开呢。老太太谁的面子也不给，包括皇帝。就这样，韩嫣结束了自己如鹦鹉一样绚丽而短暂的一生。

虽然披着一身艳丽、扎眼、唬人的虎皮花纹，但他终究只是一只头脑简单、弱不禁风的鸟儿。在他看来，主子就是自己的一切，可主子不会将他当成自己的一切。固然，主子的确将他宠得像凤凰一样，但在潜在的危险和难以预测的风险面前，主子顶多是发出一声叹息而已。

他终究只是一个宠物，一只漂亮的虎皮鹦鹉。

其实，在开头的那则笑话里，他甚至连鹦鹉都算不上，说他是那头猪倒恰如其分。

——傻了吧，爷是皇帝！

董贤： 汉哀帝的喵星人

1

据说，日本第六十六代天皇——一条天皇无比爱猫，一只名为"命妇的座前"的猫成功俘虏了他的心，使天皇成为当时世界上身份最尊崇的"铲屎官"，他也乐得将这只猫凌驾于几乎所有人之上。据载，为庆贺"命妇的座前"喜得贵子，一条天皇为之举行了祈祷孩子将来多福多寿的"产养"仪式，并专门雇佣保姆来伺候它。要知道，这"产养"仪式可不是随随便便谁都有资格来享受的，整个日本帝国，也只有天皇的老娘和

贰 为什么受伤的总是我

少数几个顶级大臣才有这个待遇。不仅如此,"命妇的座前"还被赐予相当于贵族的高级官位。

无独有偶,传说伊斯兰教的先知穆罕默德也对猫咪青睐有加。他曾养过一只名叫姆艾萨的虎斑猫。有一天,穆罕默德打算外出,姆艾萨正好睡在他要穿的衣服上。看着熟睡中的喵星人,伟大的穆罕默德做出了一个非常暖男的举动——他剪掉了被压住的袖子,自己穿着只有一个袖子的衣服出门了。

对于这些,我们其实一点也不陌生,因为在我们的国家,遥远的大汉王朝,一个大人物和他的宠物,也曾做过类似的事,而且干得更极端、更浓烈。

这个大人物叫刘欣,是大汉帝国至高无上的皇帝,谥号汉哀帝;他的宠物名叫董贤,历史上最著名的伪娘之一。

若论与宠物之间的感情,刘欣倒是比他的祖宗刘彻更真挚更痴狂更不顾一切。

与刘彻和韩嫣的日久生情不同,刘欣和董贤属于那种传说中的一见钟情。他们的故事充分证明了,颜值自古以来都是生产力。

那时,董贤还只是哀帝周边众多工作人员中默默无闻的一名,虽然娇艳的容颜艳压群芳,但从东宫的太子舍人,到未央宫的普通郎官,两年多始终只能徘徊在边缘地带,一度沦为"整点报时员"。然而,命运之神显然不愿让这朵妖娆的花寂寞地开到荼蘼。于是,某一天,只是让高贵的皇帝"在人群中多看了他一眼",便"再也没能忘掉他的容颜"。从此之后,"颜值控"哀帝刘欣就开始了对董贤惊世骇俗的宠爱。

2

作为史上最有名的同性恋者，哀帝刘欣绝对是个性情中人。他对同志董贤的那份感情，的确浓得化不开，浓得简直不像是主人与宠物的爱——不是文帝对邓通那种高高在上的恩宠，也不是武帝对韩嫣那种可以随时抛弃的浅爱，而是一种平等的、给对方以尊严、全身心投入的真情。在他看来，你是我的一切，我的一切也是你的一切，只有这样，我才是你的一切。他想给予董贤的，正是这样一种超越性别、超越地位、超越人伦、超越纲常、超越世俗、超越时代、超越一切的爱。于是，他开始了疯狂而荒唐的给予。

如果申请吉尼斯世界纪录的话，哀帝大概可以保持三项纪录。

最甜腻的畸恋："对你爱爱爱不完/我可以天天月月年年到永远"，郭富城的歌可以毫无违和感地成为哀帝与董贤 VCR 的主题曲。用如胶似漆来形容二人一点也不为过。自从董贤得宠之后，"出则参乘，入御左右""常与上卧起"，几乎就像磁铁与铁钉，出同车、食同桌、睡觉都钻一被窝，成为一对 360°全天候零死角无缝隙的 502 组合，连如今大学校园里的"喂饭族"都自愧不如，恐怕就算"山无陵，江水为竭"也无法"与君绝"了。当然，最令人津津乐道的故事自然还是"断袖"的故事。

那一日午休，哀帝与董贤共寝，哀帝醒来，有事欲起，但衣袖被董贤压在身下。哀帝不愿惊醒爱人，又不得不起，便用刀割断了衣袖。

贰 为什么受伤的总是我

这个故事发生在公元前1世纪,而穆罕默德是公元6世纪的人。相似的故事在不同的国家、不同的时期重复着,但故事的走向却截然不同,历史不怀好意地发出冷笑。哀帝与董贤的断袖之交,是盛开在腐败枯朽的西汉王朝上妖娆的罂粟花,摇曳着媚惑的气息,散发出死亡的味道。仅仅十余年后,西汉帝国就在这迷幻中走向了灭亡。而穆罕默德与猫咪姆艾萨的剪袖之爱,则如同和煦的春风拂过荒原,一地绿草疯狂生长,一个世界性宗教的蓬勃发展从此肇始。

当然,我们并不怀疑哀帝对董贤感情的纯度,他是真的把董贤当作终身伴侣来"无法无天狠狠爱"的。为了能让董贤一秒也不离开他的视线,他把董贤的妻子也接进宫中,同时还爱屋及乌地宠幸了董贤的妹妹,并封为仅次于皇后的昭仪。从此,四个人以这种奇异的畸态,快乐"性福"地生活在一起,狗血地上演着宫廷版的《肉蒲团》《金瓶梅》。

最败家的馈赠。哀帝的血管里不愧流淌着先祖文帝的血,对爱人的赏赐同样的土豪而任性。对董贤"旬月间赏赐累巨万",连董贤的妹妹和妻子也被赏赐"各千万数",甚至家奴仆妇也都在重赏之列。赏赐的东西并不限于钱财,连"武库禁兵,上方珍宝"都随意拿出来赏赐,用今天的话说,就是战略导弹、秘传国宝都被当作礼物送了人情;而且其中的极品一律留给董贤用,他和皇室只用次一等的东西。当然,和以下赏赐相比,这些不过是毛毛雨而已。在寸土寸金的长安城,他专门为董贤于北阙下建造了一座奢华的大 house,土木雕琢极尽工巧,连栏杆廊柱之上都裹满丝帛。这相当于在如今的北京城一环里为董贤盖了一片豪华别墅区。这还只是阳间的赏赐。为了

能与董贤生死相依,他竟然还为董贤准备了上等的棺椁、入殓用的金缕玉衣等应有尽有的丧葬用品,并在自己的陵寝旁边,给董贤修了一座形制规模都不同凡响的陵墓,彰显出连阴阳生死都不能分开他们的忠贞爱情。

最离谱的提拔。日本一条天皇只不过封了"命妇的座前"一个相当于贵族的第五位官衔,就搞得他们的史官一惊一乍;文帝那么宠爱邓通,也还是给邓通设置了上大夫的天花板;而哀帝提拔董贤,用"坐火箭"已经不足以形容董贤升迁的速度了。从一个不入流的太子舍人,到爵封高安侯、官至大司马、位列三公,甚至"常给事中,领尚书,百官因贤奏事",一人之下、万万人之上,只用了七年时间,时年二十二岁。这期间,哀帝为了挺董贤上位,不知费了多少心思、耍了多少手腕、搬掉了多少拦路石,他的帝王权谋之术也许只在这件事上有过超水平发挥。而"一人得道,鸡犬升天"这成语也被诠释得淋漓尽致,董贤的老爹董恭封了侯,做了光禄大夫;老丈人得了将作大匠(皇家房地产公司总裁)的肥缺;小舅子成了执金吾(光武帝刘秀最初的理想不过就是"做官当做执金吾,娶妻当娶阴丽华");弟弟董宽信官拜附马都尉;董氏亲属皆加官晋爵,其恩宠早已甩了哀帝母亲一系丁氏、祖母一系薄氏等外戚几条街。

可是,这远没有达到哀帝的终极目标。他的终极目标竟然是——禅让!对,你没看错,这哥们不仅要败家,还惦记着搞垮老祖宗留下的事业。在一次酒宴上,董贤慵懒地依偎在哀帝身边,哀帝眼见心爱,一时心潮澎湃,不禁说道:"吾欲法尧禅舜,何如?"吓得旁边的大臣差点大小便失禁。幸亏大臣王闳壮着胆子进谏："天下乃高皇帝天下，非陛下之有也。陛下承宗庙，当传子孙于亡穷。统业至重，天子亡戏言！"这话非常在理，哀帝也自知此事并不现实，因此无言以对，但心里却很是不爽，盛怒之下将王闳轰了出去，并将其添加到了陪酒的黑名单之中。

3

　　人人都说"红颜祸水"，但董贤的出现颠覆了这一观点。原来，须眉同样不让巾帼，蓝颜也可成为祸水呢。

　　不过，董贤们其实不该背负这种沉重的包袱，毕竟他们只是一介弄臣，一只宠物猫，对于一个帝国的兴衰，这个责任他们真的负不起。就像猫咪姆艾萨也并非伊斯兰教力量的源泉一样，把所有的福祸因果都赖在他们身上，不仅是对他们的不公平，也是对历史的曲解和亵渎。

　　但人们仍然习惯这样理解，因为简单省事，又可为尊者讳。尘归尘，土归土，高贵的受蒙蔽、受蛊惑、受欺骗，低贱的天生是背黑锅的命，只有"临时工"才能负责任，只有喵星人才能上祭坛。

　　法王路易十三的宰相也很喜欢猫，而且也和哀帝刘欣一样，没有子嗣。他死后，将巨额遗产都留给了自己养的十四只猫。然而，由于这位出色的政治家、外交家生前政治手段独裁霸道，树敌众多，结果他刚一去世，那十四只猫就被全部烧死了。

　　董贤的命运也和那十四只猫一样。

　　年仅二十五岁的汉哀帝刘欣玩得太嗨了，一不留神就先董贤一步到那边报到去了。而董贤并没有按照他预期那样，穿着金缕玉衣，乘坐着贵重的棺椁来到阴间，与他比邻而居，再续前缘——并非董贤不想，而是根本容不得他那样做。

哀帝刚死，受尽憋屈的太皇太后王政君，就联合自己的侄子、下个世纪的风云人物王莽，罢了董贤的官。虽然做到了位极人臣，但董贤骨子里仍然只是个娘炮，他承受不住巨大的心理压力和严峻的现实考验，与妻子一起自杀了。他的家也被查抄一空，家人遭流放，自己也被王莽开棺验尸，甭说金缕玉衣了，连一件普通的寿衣都没能混上。

看来，喵星人真的不适合在地球居住。

叁

车轮碾过白富美

——乱世中贵族小女子的悲哀

香如故

历史上真实的孙尚香

三国乱世,群雄并起,逐鹿中原,铁蹄伴着滚滚征尘,剑戈反射点点寒光;英雄勇向刀头舔血,智士巧谋火中之栗;有豪气干云,有义薄云天,有强食弱肉,有屌丝逆袭,有谈笑间樯橹灰飞烟灭,有七步内同根相煎太急……总之,朔风肃杀着冷兵器,血腥混合着雄性荷尔蒙,是铁马冰河的天下,是血脉贲张的三国。

在这样一个覆盖硬甲与坚壳的世界,女性作为绝对的配角,只能在硬甲坚壳的缝隙中艰难求生,哪怕是名门望族的白富美们,譬如孙尚香。

孙尚香,赫赫有名的东吴郡主,名副其实的官二代,傲视三国的一代名媛,显然不愿逆来顺受,对于命运,她渴望自己掌握。

1

《三国演义》中，孙尚香尽显御姐范，称得上是个极品女汉子。

当初吴国的吕范奉命找刘备提亲，说孙尚香"美而贤，堪奉箕帚"，用现在的话解释就是"上得了厅堂，下得了厨房"。又说："吴侯之妹，身虽女子，志胜男儿。常言：若非天下英雄，吾不事之"原来还是个眼光极高的黄金剩女，人家可是宁缺毋滥。吕范这话看似赞女，实则夸男，把刘备狠狠奉承了一下——看来，自古媒人嘴里的话都跟走江湖的算命先生一样，想听什么就有什么，略一忽悠，就把孙尚香塑造成了刘慧芳+红拂女。

可怜刘皇叔，本以为嫩草易嚼；谁料，送到老牛嘴里的，竟是枝带刺的玫瑰。第五十六回，洞房花烛夜，刘备却见"孙夫人房中两边枪刀森列，侍婢皆佩剑，不觉失色。管家婆进曰：'贵人休得惊惧：夫人自幼好观武事，居常令侍婢击剑为乐，故而如此。'玄德曰：'非夫人所观之事，吾甚心寒，可命暂去。'管家婆禀复孙夫人曰：'房中摆列兵器，娇客不安，今且去之。'孙夫人笑曰：'厮杀半生，尚惧兵器乎！'命尽撤去，令侍婢解剑伏侍。"原来这孙尚香竟是个"斗得过二奶，打得过流氓"的野蛮女友！

不过，跟后来的事比起来，这些都是小儿科了。招亲之后，刘备被孙权困在江东，本想趁过年之际悄悄溜走，又怕孙尚香的暴脾气，就假意哭天抹泪，诓骗夫人。哪知孙尚香一眼识破，不但没扯刘备后腿，反而帮丈夫定下瞒天过海的巧计，

借江边祭祖偷返荆州。孙权知道后大怒,先后派两路追兵追赶,同时周瑜也派人在前拦截。刘备眼见将重入彀中,急忙依诸葛亮的锦囊妙计,跑到老婆跟前哭诉。看到眼前哭得梨花带雨——哦,应该是老菜帮子洒水——的丈夫,女汉子孙尚香瞬间母性爆棚,保护欲高涨,挺身而出,单凭着一张伶牙俐嘴,和无与伦比的御姐气场,震退一干围追堵截的吴将,成功护送丈夫返回荆州基地。可以说,如果没有孙尚香,刘备就回不了荆州,就没法三分天下,也就没有后来的三国鼎立。从这个意义上看,强悍的孙尚香竟然改变了历史,创造了历史!

然而,可惜的是,这些精彩的桥段基本都是杜撰。

2

事实是,貌似强势骄傲的孙尚香,甭说改变历史,就连自己的命运都也难改变,甚至连"孙尚香"这个名字都透着那么一丝尴尬:在正史《三国志》里,她有姓无名,只能以"孙权之妹"和"刘备夫人"的面目出现;在《汉晋春秋》中,称孙仁献;在小说《三国演义》中,叫孙仁;只有在戏曲《甘露寺》里,她才叫孙尚香。

就像名字模糊不定一样,在后人看来,她的人生轨迹也是云里雾里。孙尚香——我们姑且称此代号——如同所有知名不知名的女子一样,哪怕再绚丽的生命之花,也很难换来正史里几行苍白的文字。古代史官本就惜字如金,对女子,就更是悭吝一笔,她们最多只能从王侯将相的如海深宫中发出一声苦涩的轻叹,在那些英雄豪杰的怀里抛出一丝幽怨的眼神,在腥风血雨的舞台上留下一个模糊的背影。

叁 车轮碾过白富美

不过，托主角们的福，孙尚香毕竟还能跑上龙套，总算在史书上留下寥寥几字，虽然无法还原其一生精彩，却也可理清经历梗概。归纳起来，我们可看到她人生的这几个节点：

嫁做枭雄妇。《三国志·先主传》说孙权向刘备"进妹固好"。很显然，孙尚香并非是因哥哥施美人计不成，被刘备将计就计"龙凤呈祥"的，而是被自己的亲哥哥孙权当成一枚"肉弹"射向盟友刘备——此时，赤壁之战的硝烟刚刚散去，曹操正咬牙切齿企图复仇江东。对孙权来说，靠政治姻亲来争取刘备这个盟友，以稳固自己的权力和地盘，远比妹妹的幸福重要。此时，孙尚香二十几岁，正是好年华，却要被嫁给一个从未谋面、年近半百的老男人，她的心情如何？是否反抗？一概没有记载。

在道貌岸然的史书上，我们很难看到女子对操控自己命运的黑手有任何反抗。事实上，她们也根本无力反抗，就像她之前和她之后的那些女子——比如"艳色天下重"的情色间谍西施，比如"娥眉憔悴入胡沙"的和亲大使王昭君，比如在朝堂上玉体横陈的北齐后主妃冯小怜，比如被中唐名将张巡守睢阳时当作口粮吃掉的那个"秀色可餐"的"爱妾"，再比如那些闲坐说玄宗的白头宫女们，以及秦淮风月场上强颜欢笑的李香君、董小宛、柳如是们，哪一个能跟那只黑手掰一掰手腕呢？

逞威震丈夫。《资治通鉴》云："妹（孙尚香）才捷刚猛，有诸兄风，侍婢百余人，皆执刀侍立，备每入，心常凛凛。"《三国演义》的那个桥段想必由此而来。一代枭雄刘玄德一回家就心惊胆战，显而易见，孙尚香的确是个强势女子。

《三国志·法正传》中诸葛亮有一段话也涉及孙尚香："主

135

公之在公安也,北畏曹公之强,东惮孙权之逼,近则惧孙夫人生变于肘腋之下;当斯之时,进退狼跋。"好家伙,真是防火防盗防老婆,这刘备居然把小媳妇上升到与曹操、孙权同等级别的戒备状态。裴松之在《三国志》的注引中也有对孙尚香的记载:"此时先主孙夫人以权妹骄豪,多将吴吏兵,纵横不法。先主以云严重,必能整齐,特任掌内事。"你瞧,堂堂的西蜀五虎将之一——常山赵子龙居然被刘备委以如此重任——防备夫人孙尚香!你说,古往今来有几个女子能得到如此"精心照顾"?如此防备,这对老夫少妻之间的关系应该好不到哪里去。

事实上,也确是如此,据《三国志集注》说"《元和志》:在屏陵县城东五里,汉先主孙夫人所筑。夫人与先主相疑,别筑此城居之。"这可不是一般的分居,而是"别筑此城",想必俩人都是想眼不见心不烦吧。

其实,用脚趾头想,也能料到。他俩一是没感情基础,二是根本不般配——刘备属屌丝逆袭,如果不是遭逢乱世,也许一辈子就以"贩履织席为业",发展好了顶多也就是个"成功企业家",能在涿县混个政协委员、人大代表啥的就很不错了;孙尚香则生于贵族豪门,典型的白富美,从小心高气傲,一切官二代、富二代的毛病恐怕都能从她身上找到,如何能看得上刘备这个"土豪"?而面对这么一棵"嫩草",估计刘备这头"老牛"也难以下咽——这哪是娶老婆啊,简直是请来尊女神。难怪夫妻几年竟没子嗣,在女神——准确说是女煞神面前,刘备同学真是自惭形秽外加胆战心惊,连头都抬不起来,别的就更抬不来了……

凄凉回娘家。公元211年,刘备入西川,"孙权闻备西上,遣舟船迎妹；而夫人欲将备子禅还吴，张飞、赵云勒兵截江，乃得禅还。"（《资治通鉴》）孙权偷着接妹妹回娘家，意思很明显，就是打算撕裂孙刘联盟，向刘备下手。这些男人间的勾心斗角，不知孙尚香是否明白。不过，当时返回东吴的决定权在孙尚香之手。至于她为什么选择离开，实在无法通过这寥寥数语参透缘由。

或许，可能是《三国演义》中说的那样，是孙权诈称母亲病重，诓孙尚香回吴。也可能是孙尚香对刘备情缘已断，再无留恋。还可能如《三国志集解》中王悬的说法："此不明叙所以还吴之故。则法正已进刘瑁妻吴氏于宫中，舟船之迎，实夫人见几之哲。"啥意思呢，就是说孙尚香这个正房夫人还在，法正就开始拉皮条，撺掇刘备在西川娶了小寡妇吴氏做太太。以孙尚香之傲，如何肯因此争风吃醋、自降身价？恰好兄长来接，于是黯然遁去。

3

说起来，这个对兄弟情深义重的刘备，对妻子从来都是薄情寡义，曾多次弃妻儿于敌营，对畏之如虎的孙尚香更是毫无感情可言——你不是回娘家了吗？好，正中下怀！管你在娘家是不是寄人篱下、独守孤灯，反正我是有美人做伴、红袖添香！不仅如此，待刘备称帝，册封的皇后还是那个吴氏，即穆皇后，孙尚香这个明媒正娶的夫人，竟然没有任何名分！甚至连正史《三国志》都未将其列入刘备妃嫔之中，只不咸不淡地提一句"先主既定益州，而孙夫人还吴，群下劝先主聘后"，就这样把孙尚香不明不白地抹杀在历史之中！

至于孙尚香返回娘家之后的生活,史书再无记载。如此鲜活的一个人,如此敢爱敢恨、傲骨铮铮的一个人,就这样如一粒微尘,落入历史的泥沼中,无影无踪,好似从未存在过一样。至于《三国演义》中所说,刘备伐吴、兵败猇亭后,孙尚香误信丈夫战死谣言,祭江殉情,则都是小说家言,全不可信。对于这个感情破裂、更兼无情无义的丈夫,孙尚香怎么可能如此迂腐?

不过,这并不重要,至少有一点毋庸置疑,那就是孙尚香的一生纯粹是被孙刘两个大英雄给毁了。金枝玉叶身,孤叶飘零命,在权力和阴谋的驱赶下,她身不由己地辗转吴蜀两地,锦衣玉食也难掩悲情落寞,虽是一身傲骨,最后还是不免被权力的战车碾倒在车轮之下。

后人怜惜她又敬佩她,给她演绎了那么多精彩的传奇,并为她取名"尚香",其意也许正如陆放翁《卜算子·咏梅》里的感慨吧——零落成泥碾作尘,只有香如故……

三座山

一个挣扎在政治漩涡中的贵妇人

1

春秋末期,当时赵国还未从晋国分裂出来,赵简子作为晋国六卿之一,势力很大,他的地盘主要包括当今河北南部、河南北部、山西中部和陕西东北部。在西北与之接壤的代国虽然不大,却是由狄族所创建。

赵简子知道马背上民族的厉害,始终把这个小国当成心腹之患,于是便采取了传统的怀柔政策:拿女人换和平——把自己的亲女儿嫁给了代王。

当然,这一招不是赵简子的原创。远在他之前,各国王侯早把这招用得得心应手,什么齐僖公的女儿嫁给鲁桓公,什么秦穆公把女儿送给晋文公,什么郑穆公的女儿嫁给陈国大夫……数不胜数,错综复杂,亲戚套亲戚。如果从这个角度看春

秋史,简直就是一个巨大的姻亲网。在他之后,这招更是屡试不爽,以中国历史上最辉煌的两个王朝为例,西汉,一直以送公主到匈奴和亲为治国安邦上策,汉高祖刘邦就曾送公主嫁冒顿单于,唐朝为防藩镇叛乱,公主们又被频频赠予藩将。

不过,赵简子的胸怀显然不止于此,他其实是在下一盘很大的棋。

在赵与代国的边境线上,有三座山,一座叫常山,即今天的北岳恒山,位于山西浑源县;一座叫夏屋,在如今山西代县东北;还有一座叫马头山,大约是今天河北蔚县的大南山。

在赵简子眼里,这三座山也许就像三枚棋子,他要运用自己刚柔并济的手腕,不动声色地把三枚棋子下到位,最终屠大龙赢下整盘棋。

嫁女安抚对方,显然只是第一步。

不过,毕竟年纪不饶人,他深知自己在有生之年可能难以下完这盘棋。于是,他早早着手为自己选择可继承遗志的接班人。

大儿伯鲁,小儿无恤。选哪一个接班,老赵颇费心思。

一次,老赵将自己总结的家训语录写在两块竹简上,分别交给大儿子伯鲁和小儿子无恤,叮嘱他们好好诵记。三年后,老赵搞了个突然袭击,忽然召集两个儿子背诵家训。老大吭哧半天也背不出个一二三,连竹简都不知道丢到了哪里;老幺却倒背如流,而且随身携带"竹宝书"。老赵心里有了谱。

后来,又有一次,老赵跟儿子们说:"你老爸我,年轻时在常山上藏了一个宝符,时间长了,我也忘了藏在哪了,你们谁能帮我找到,我必有重赏!"儿子们一听有重赏,都来了精神头，打马扬鞭奔常山，好一通搜山，简直要把土地爷逼得离家出走，却连宝符的毛也没见到。儿子们心想，老爷子大概得老年痴呆症了，这么重要的东西怎么会藏在一座荒山上呢？肯定是记错了。一个个蔫头耷脑回来复命。老赵看着这些整天就知道斗鸡遛狗的纨绔子弟，失望地摇摇头。仔细一看，小儿子无恤竟然还没回来。正寻思着，无恤高高兴兴地跑回来。

"找着了吗？"老赵紧张地问。"找到了！""在哪？"无恤不慌不忙，说"从常山上登高北望，代国锦绣一览无遗，代国就是我们最大的宝贝！（从常山上临代，代可取也）"别的儿子还是一头雾水，老赵却已笑靥如花。

明确了接力者，老赵安了心。公元前458年，老赵交出接力棒，放心而去。无恤继承老赵晋卿之位，是为赵襄子。

2

小赵不愧是老赵钦定的接班人，坚决奉行"凡是老赵做出的决策，我都坚决维护；凡是老赵的指示，我都始终不渝地遵循"的原则，而且，比老赵更阴、更狠、更无情。普通人祭奠先考，用的是纸马香烛，而小赵用的竟是代国之地！

老赵刚刚下葬，小赵的丧服还来不及脱下，就急急忙忙向代王发出邀请函，请姐夫到赵、代边界的夏屋山赴宴。

代王当然也不是吃素的，他知道自己的代国是块肥肉，旁边始终蹲着一只馋猫，开始是老丈人老赵，现在是小舅子小赵，怎能不时时提防？现在请帖到了，代王心里也有点嘀咕：这个时候请我喝酒，会不会是酒无好酒，宴无好宴？这个险还是不冒为妙。又转念一想，请客不到，两头害臊，况且是至亲

关系,要不给小舅子这个面子,以后这亲戚还咋走?就算他小赵想黑我,怎么也得顾忌到他老姐吧,人心都是肉长的,不会这么翻脸无情吧。再说,我多带些保镖,如果见情形不对,立即就撤,应该不会有大问题。于是,代王带上一大帮身强力壮的保镖,满腹狐疑地前来赴宴。

到得夏屋山,代王伸着鼻子使劲嗅了嗅,没闻到什么阴谋味道,也没感到什么杀机。为啥,你看,整个夏屋山没有一兵一卒,更没有一刀一剑,有的只是厨师和服务员,以及杯盘器具,完全是一派祥和的家宴氛围。相比之下,代王便很不好意思,觉得带这么多凶神恶煞般的私人保镖来,跟家宴的气氛完全不搭调,不仅暴露了对小舅子的不信任,还显得自己气量狭小,毫无半点英雄风范。于是,戒备解除,哥俩勾肩搭背、亲热异常。

酒宴开始,小赵与代王及那些保镖开怀畅饮。古时宴会,席上有专门的膳食官(宰人)拿着一个有长柄的勺子来为客人满酒。这个形如北斗的长柄勺子叫枓。小赵家的这个枓可不一般,是用铜铸成,可能还比普通的枓要大上两号,酒舀的多,喝着也痛快,还能兼砸核桃仁。代王看到这铜枓,心里也许还在赞叹:小舅子家不愧是豪门,瞧这枓都这么气派!他哪里知道,这铜枓不仅能舀酒,还能舀血!

酒至半酣,小赵看时机已到,暗中令下。只见刚才还温良恭顺的膳食官,忽然眼露凶光,举起那沉甸甸的铜枓,冷不丁朝代王的脑袋砸去。正与小舅子称兄道弟的代王没哼一声就脑浆迸裂、倒地而亡。与此同时,没等代王那些保镖明白过味儿来,在他们身后斟酒的膳食官一起行动,像砸娄西瓜一样,抡起铜枓猛然砸下。霎时间，宴席上一片血腥……

杀戮刚罢，小赵就迅速发兵，进攻代国。代国群龙无首，且毫无准备，一场闪电战下来，即告沦陷。这个早被赵氏父子视之为己物的代国，就这样灭亡了。

夏屋宴铜枓夺代，这既了却了老赵未竟之志，又尽显小赵雄主之风，可谓历史上一场经典奇谋。楚汉相争时那个著名的"鸿门宴"，其实不过是二百多年前"夏屋宴"的失败版而已。当后人为这奇谋拍案叫绝之际，又有谁想到，用来祭奠老赵的，不只是代国之地，同时还有老赵亲女儿、小赵亲姐姐、代国夫人一生的幸福。

3

本以为，自己是世界上最幸运的人——生在贵胄之家，嫁于王侯之侧，虽是政治包办，却难得与丈夫两情相悦，恩爱非常。原想就这样与郎君牵手到老，夫家婆家强强联手，世代相睦。岂料，亲情薄如纸，权欲大于天；哪知，那蜜语中蕴毒计，笑面后藏杀机；昨日还亲如手足，今天就兄弟阋墙，刚刚还鸾凤和鸣，转眼就人鬼殊途。代王夫人的美好世界怎能不瞬间坍塌……

我们说太史公司马迁伟大，其中一个原因，就是在那样一个男尊女卑的时代环境中，他居然能够在直书帝王将相的文治武功和残忍血腥的同时，不忘记录一个弱女子的血泪情伤。

"襄子姊前为代王夫人。简子既葬，未除服，北登夏屋，请代王。使厨人操铜枓以食代王及从者，行斟，阴令宰人各以枓击杀代王及从官，遂兴兵平代地。其姊闻之，泣而呼天，摩

笄自杀。"(《史记·赵世家》)

"泣而呼天,摩笄自杀"简简单单八个字,却字字血,声声泪,代王夫人的悲怆、无助、绝望跃然纸上。

还有更为详细的记载。据《魏土地记》载:"代郡东南二十五里有马头山。赵襄子既杀代王,使人迎其妇。代王夫人曰:'以弟慢夫,非仁也;以夫怨弟,非义也'。磨笄自杀而死。使者遂亦自杀。"

小赵把姐夫击杀之后,终于想到了自己的亲姐姐。也许是想弥补一下自己的罪过,他派使者去代国迎接姐姐。在马头山下,使者见到代国夫人,请夫人归赵。夫人在为亡夫悲痛欲绝的同时,还受着另外一种折磨:支持弟弟的霸业,而消弭杀夫之仇,是不仁;因为夫仇,而与兄弟不共戴天,是不义。是该为丈夫报仇无视亲情,还是该为兄弟大业牺牲爱情,成了一道哈姆雷特式的难题,纠结在代王夫人心中,越缠越紧,难以呼吸。该怎么办?该怎么办?代王夫人搞不懂,这些男人为何水火不容,非要无休止地争斗?为何就不能和平相处,共生共荣?为何要让她这样的弱女子夹在亲情和爱情中间左右为难?夫人望穿泪眼也无法找到答案。与其这样痛苦纠结,还不如一死了之,既是殉夫,又可全节。想到这儿,夫人拔下头上的簪子,在石头上磨了磨,猛然刺入自己的胸膛……使者实在看不了这种人间惨剧,更没法回去交代,也悲而自尽。人们可怜这个有情有义的无辜女子,从此称马头山为摩笄山。

其实,代国夫人并不是非死不可。那个把她逼到死胡同的"难题",搁到现在,根本不是问题。为何偏要纠结?为何不能跳出这种丑恶无聊的争斗?为何不能直面罪恶和内心的声音?

叁 车轮碾过白富美

后来的孙尚香，在历史上本无自杀殉夫的记载，却被民间众口"杀死"在演义、评书和戏曲之中。人们不想看到一个独立自主、不依附任何一方的女汉子，人们认为，只有绝望才该是这种女人的归宿。

不死不圆满。

说到底，这其实是一种蓄意的思想谋杀。

三座山，三个故事。

三座山，三枚棋子。

第一枚，常山窥宝，是为野心权欲之子；第二枚，夏屋夺代，是为阴谋角逐之子；第三枚，摩笄殉葬，是为思想谋杀之子。

对弈终了，赵家大胜，但赵家的女儿却成了炮灰。

齐之姜

美是一种罪过

衡门之下,可以栖迟。泌之洋洋,可以乐饥。

岂其食鱼,必河之鲂?岂其取妻,必齐之姜?

岂其食鱼,必河之鲤?岂其取妻,必宋之子?

这是《诗经》里的一首诗,大概意思是说,有个窝能安身,有口水能充饥就足矣啦,为啥吃鱼必须吃黄河的鲂鱼、鲤鱼?为啥娶媳妇非得是齐国、宋国的美女?

这诗本意是劝人们安贫乐道,不要欲望太盛、凡事追求极致。但从另一个角度看,透露给我们的信息则是:春秋时,鱼中极品为黄河的鲂鱼和鲤鱼,就像如今的南非鲍鱼、澳洲龙虾,非常的高大上;女子中的花魁则是齐国和宋国的王室公主,这可是当时各国贵族泡妞的终极目标,谁能搞到齐国的白富美,绝对能上全世界所有报纸的头条。

齐国公主如此抢手,到底能有多美呢?

叁　车轮碾过白富美

《诗经·卫风》中,有一首描写美女的诗歌,叫《硕人》,且节选一部分:

硕人其颀,衣锦褧衣。齐侯之子,卫侯之妻。东宫之妹,邢侯之姨,谭公维私。

手如柔荑,肤如凝脂,领如蝤蛴,齿如瓠犀。螓首蛾眉,巧笑倩兮,美目盼兮。

诗中描写的女子,有着修长火辣的魔鬼身材,身着华美的礼服;纤纤玉手,犹如鲜草的嫩芽一样柔软;皮肤白皙,好似凝固的油脂一样细腻;娇美长颈,好像天牛的幼虫一样丰润;牙齿洁白,恰如葫芦籽一样整齐;额头方正饱满,眉毛又弯又长,眼睛黑白分明,又大又亮,不笑不说话,一笑俩酒窝。假如这女子生在现代,很有希望包揽各种选美比赛的冠军,成为化妆品、奢侈品、时装、珠宝等行业的广告宠儿,林志玲、范冰冰估计都会发出生不逢时的哀叹吧。

据说,这是汉语中描写美女的开山之作和标杆之作。清代的姚际恒称"千古颂美人者,无出其右,是为绝唱"。诗中的美女也就成了美女行业的ISO9001,只有符合这些特点,才能被贴上美女的标签。譬如,宋玉形容美女:"眉如翠羽,肌如白雪,腰如束素,齿如编贝。嫣然一笑,惑阳城,迷下蔡。"李白形容美女:"美女卷珠帘,深坐蹙蛾眉。"白居易形容杨玉环:"温泉水滑洗凝脂,芙蓉如面柳如眉。"等等。

如此说,这个女子可称得上是美女们的祖师爷。那么,这个美女到底是谁呢?

非典型庄姜

其实，诗中已然交代："齐侯之子，卫侯之妻。东宫之妹，邢侯之姨，谭公维私。"就是说，这美女是齐侯的女儿、卫侯的夫人、太子的妹妹、邢侯的小姨子，谭公还是她姐夫。齐侯即齐庄公，卫侯即卫庄公，她呢，人称庄姜。"姜"是齐国的国姓，由于是嫁给卫庄公，所以称之为庄姜。

从以上罗列的家庭关系中，可以看出，当时齐国公主确实畅销各路诸侯。我想，畅销的原因，一因美貌——齐国女儿的确是艳惊天下；二因政治——齐国强盛，其他国家都想背靠大树好乘凉，齐国也想借此笼络各国，以图霸业。

庄姜不仅是个白富美，还是个女文青。据说，她写得一手好诗，《诗经》中有好几首诗即出自其手。

但是，女文青遇到的却是个花花公子中二货。

俗话说，妻不如妾，妾不如偷，偷不如偷不着。卫庄公就是这句话的坚定践行者。面对全国人民都衷心赞美的美女妻子，这家伙却身在福中不知福，不知哪根线短了路，反而被一个小妾迷得五迷三道，撇下庄姜独守空房，竟至庄姜没法留下一男半女。国人对此无不义愤——一朵鲜花插在牛粪上本就让人痛惜，谁知牛粪偏偏对蛆虫情有独钟，怎不让人感觉暴殄天物！

其实，这事也不难理解。感情问题本无一定之规，人美诗好德行高，可不一定能换来爱情。所谓：萝卜青菜，各有所爱。就算你是女神——可能正因为庄姜的女神光芒亮瞎了卫庄

叁 车轮碾过白富美

公的一双24K钛合金狗眼,才让他生出一种"可远观而不可亵玩"的自卑感——是全世界的梦中情人,可我就爱刘姥姥,你能咋地?确实,庄姜无可奈何。她不仅是白富美,是女文青,还是刘慧芳。对于丈夫的荒唐和薄情,贤淑的美女诗人选择了沉默,选择了独自忍受,选择了用诗歌排遣愤懑,如《诗经》中这首《柏舟》:

泛彼柏舟,亦泛其流。耿耿不寐,如有隐忧。微我无酒,以敖以游。

我心匪鉴,不可以茹。亦有兄弟,不可以据。薄言往愬,逢彼之怒。

我心匪石,不可转也。我心匪席,不可卷也。威仪棣棣,不可选也。

忧心悄悄,愠于群小。觏闵既多,受侮不少。静言思之,寤辟有摽。

日居月诸,胡迭而微。心之忧矣,如匪浣衣。静言思之,不能奋飞。

真是长夜漫漫,孤枕难眠,心头烦乱,难以剪断。有夫淡如水,有家冷似冰;有苦无处诉,有愁无人听。泪眼看日月,天昏地不明;梦里飞遁去,醒来痛捶胸。虽贵为国母,却惨如活寡,委屈了自己,便宜了别人。

庄姜的结局史书上没有提及,我想,终究就是郁郁而终。庄姜的一生苍白落寞得像一张宣纸,没能把自己的红颜晕染成多彩的画卷,只留下几缕淡淡的哀愁,化成一抹天青色,静等烟雨……

不过,不要就此以为齐国的姜氏女子都是软柿子,保守的

庄姜其实是个非典型姜氏女,在她之后的许多姜氏女,要比她风流得多,饱满得多,也辛辣得多。

被蒸的夷姜

卫庄公还有一个妾,名叫夷姜。夷姜虽然也姓姜,但身份不明,史书也没有明确记载,不知是否来自齐国。她这个"夷"字甚至还暗示,她也有可能来自化外的少数民族。不过,这个夷姜并不是致使庄姜守活寡的那个宠妾。因为那个宠妾生有一子,名叫州吁,曾把卫国搅得天翻地覆。夷姜与卫庄公没有子嗣,她应是庄公晚年纳的小妾。

卫庄公死后,庄姜的养子公子完即位,是为卫桓公。公子完是卫庄公与妾戴妫生的儿子。戴妫早逝,庄姜悉心抚养公子完,爱如己出。后来,卫桓公被州吁杀死,卫国大臣石碏又用计诛杀了州吁,拥立卫庄公另一个儿子晋为君,是为卫宣公。

谁知,这个卫宣公比之其父卫庄公在荒淫方面是有过之而无不及。他老爹践行了"妻不如妾",而他继承老爹遗志,身体力行"妾不如偷"。刚一上台,就蒸了夷姜。

别误会,这个"蒸",可不是西天路上妖精用笼屉蒸猪八戒的那个"蒸"。"蒸"通"烝",意思是儿子娶了老子的妻妾,说白了就是乱伦。

史书对夷姜语焉不详,一没介绍来历,二没介绍相貌。但应该也是美人一个,不然,卫宣公不会抛弃明媒正娶的夫人,而娶这个小寡妇庶母夷姜。

夷姜有选择吗?卑贱之人怎么会有选择的权利!再说,比起那块糟木头卫庄公,卫宣公显然是棵更有魅力的大树。名声重要吗?重要,但活着更重要。

开始时,夷姜以为自己的选择太明智了。卫宣公很宠爱夷姜,跟她生了两个儿子,大的名叫伋,还被立为了储君,小的叫黔牟。锦衣玉食,夫宠子孝,这是多少女人的终极梦想!这时的夷姜,脸上一定整天洋溢着幸福的笑容。

然而,虽是苦尽甘来,但谁知夷姜的命运却是一根甘蔗,她从顶端吃起,初时涩,中间甜,吃到根茎,竟又是苦了……

凌乱的宣姜

1

储君公子伋慢慢到了谈婚论嫁的年纪。卫宣公和夷姜开始为儿子操持婚事。按照国际流行趋势,齐国的宗室女儿自然还是首选。于是,卫宣公便差人向齐国求婚。

齐国当时的君主是齐僖公,齐僖公有两个女儿,深得姑姑庄姜基因,颇有春秋第一美人风姿。齐僖公心想,齐卫两国一直睦邻友好,世代联姻,更何况自己家的产品如此抢手,证明我们齐国很吃得开嘛!一高兴,就爽快地把大女儿许给了卫国公子伋。

公关顺利,使臣立即回国禀奏。不过,这中间肯定是出了什么岔子,才使得事情朝着诡异的方向发展。

显然,使臣的汇报内容比较关键。虽然史书上没有记载使臣是如何向卫宣公汇报的,但既然以史为鉴,那么,参考多年

以后楚国的一件类似事件，我们也可猜个大概。

一百多年后，楚平王派大臣费无极到秦国为太子建求婚，秦国同意嫁女。可费无极为了讨好主子，在回禀楚王时，大赞秦女之美，极力怂恿楚王留下自用。为了自己能飞黄腾达，这家伙居然借花献佛，帮楚王拉起了皮条，把太子的未婚妻出卖给了老公公。更奇葩的是，对于这个馊主意，老色鬼楚王居然毫不犹豫地采纳，果真把儿媳拉到了自己的床上。

没错，卫宣公听了使臣的汇报后，也做出了相同的决定！这老家伙，上敢搞庶母，下敢纳儿媳，真是上不封顶，下没底线，羞耻感在他眼里连个屁都不算，地球已经不适合他居住了。

至于抢儿媳妇的过程，史书没有说，不过《东周列国志》里却有详细描述：

宣公闻齐女有绝世之姿，心贪其色，而难于启口。乃构名匠筑高台于淇河之上，朱栏华栋，重宫复室，极其华丽，名曰新台。先以聘宋为名，遣开急子（伋）。然后使左公子泄如齐，迎姜氏径至新台，自己纳之，是为宣姜。时人作新台之诗，以刺其淫乱：新台有泚，河水弥弥，燕婉之求，籧篨不鲜！鱼网之设，鸿则离之，燕婉之求，得此戚施！

这就是"筑台纳媳"的典故。《东周列国志》虽是小说，但我看，这一段情节比较可信。小说中引用的那首诗是《诗经》中的《新台》，诗里的"戚施"就是癞蛤蟆，意思正是讽刺卫宣公是癞蛤蟆吃了天鹅肉。

其实，说起来，做一个极品坏蛋也是挺不容易的，除去有做坏人的能力之外，还需有做坏人的心理素质，那就是无论做了什么坏事、恶事、丑事，哪怕别人咬牙切齿、恶心想吐，自己却能心安理得，毫无负罪之感。这是一般人能达到的境界吗？

不管怎样，天鹅肉总归是吃到了嘴，再也不可能吐出来了。卫宣公马马虎虎给儿子另娶了一个媳妇后，便觉得自己仁至义尽，于是天天在新台跟宣姜——也就是曾经的准儿媳齐女寻欢作乐。

当然，"寻欢作乐"主要是卫宣公的感受。至于宣姜，眼看跟变魔术似的，"欧巴"换成了大叔，啥感受、啥反应，史书照例不说。不过，也不难猜到。在那个时代，女子，哪怕贵为公主，对于命运的安排，能有怎样的反抗能力呢？无非是泪往肚里流，强作欢颜接受命运的捉弄。

这里有些蹊跷的是宣姜的老爸齐僖公。亲家翁变成了女婿，这事怎么想怎么不地道，齐僖公乃一国之君，如何能吞得下这只"苍蝇"？但奇怪的是，史书没有一丝齐僖公生气上火的痕迹。也就是说，对于这只"苍蝇"，齐僖公竟然妥妥地吞下了。看起来，女儿的幸福无论如何也没有政治利益重要，况且，亲家翁降格为乖女婿，自己的辈分平地涨一级，貌似也不是啥坏事情，是吧？

2

自古以来，都是屁股决定脑袋。宣姜也不例外。后宫的明争暗斗，宣姜从小耳濡目染没少学，知道一入侯门深似海，哪有时间让你儿女情长、自艾自怜，必须打起十二分小心迎接宫廷的血雨腥风。

小人物的大历史

后来,宣姜生了两个儿子,大的叫寿,小的叫朔。从此,如何维护自己的地位,如何把自己的儿子推上储君宝座,成了宣姜活着的全部意义。而达到这一目标,必须要做的,就是搞掉太子伋和夷姜。

可怜夷姜,自从宣姜到来,眼见宠爱都随风而逝,美好的未来已成黄粱一梦,自己却毫无办法,只能是日日旧人哭、新人笑。关于夷姜的下场,《史记》只说"太子伋母死",而未说怎么个死法;《左传》倒是说得简单嘎嘣脆"夷姜缢",上吊死了,可又未说死因;不过《东周列国志》有个说法,说宣姜和小儿子朔总是不停地在老头子跟前说公子伋的坏话,老头子经不住枕边风,怒斥夷姜教子无方,"夷姜怨气填胸,无处申诉,投缳而死"。但《左传》等史书又说,夷姜死后,宣姜和朔才谗言陷害太子伋。那么,夷姜的死因只能是一个千古之谜了。

夷姜死后,宣姜终于扶正。下一个目标就是干掉自己曾经的梦中情人、白马王子太子伋。其实不用宣姜怎么费劲,卫宣公这个老混蛋早就想收拾自己的儿子了。自从抢了儿子的老婆后,卫宣公总是有些心虚——倒不是愧疚,而是担心儿子心藏怨恨,迟早要报夺妻之恨。再加上宣姜的煽风点火,老混蛋终于下定决心成为一个彻底的畜生——虎毒还不食子呢,这家伙实在连畜生都不如——打算设毒计干掉儿子。

他的计划是这样的:赐予太子伋一个小白旗,让他出使齐国,然后在国界处埋伏杀手,告诉杀手专杀手持白旗的人。

太子伋很忠厚,对父亲始终敬爱有加。其实,单冲这一点,太子伋就不适合混政治、当国君。说好听点这叫忠厚,难听点就是窝囊废。既然老爸下了命令,那就别耽搁了,赶紧扛着白旗上路。

谁知,这个阴谋被宣姜的大儿子寿知道了。寿是个品学兼优的好孩子,一向跟大哥要好,听到阴谋后赶紧跑去告诉大哥真相,劝说大哥不要去。太子伋却说:"逆父命求生,不可。"执意前行。有人说他迂腐、一根筋,我倒觉出这里面有一股沉沉的悲情——他并非找死,而是绝望,有这样的父亲,伋已然是生不如死。

寿见无法阻止,便灌醉了大哥,偷了白旗,提前跑到国界。杀手看到白旗,杀死了寿。寿的替兄赴死,绝不是无知者无畏。作为一个善良的孩子,我想,他这样做的动机既是想替自己父母赎罪,更是因为深深的失望吧。

太子伋醒来后发现白旗丢失,赶紧跑到国界处找弟弟。见到寿已被杀,痛不欲生的伋对杀手说:"所当杀乃我也。"杀手也没推辞,又一刀干掉了伋。不过,刘向在其《新序》中,另有一种说法:"(伋)见寿之死,痛其代己死,涕泣悲哀,遂载其尸还,至境而自杀。"其实,无论是自杀还是被杀,伋和寿兄弟俩其实都是死于卫宣公的丧心病狂。

3

伋死后,卫宣公便立宣姜的小儿子朔为太子。卫宣公死后,朔继位,称卫惠公,宣姜自然荣登太后宝座。

然而,宣姜的好日子没过几天就到头了。卫国的大臣怨恨朔谗言害死伋,发动叛乱,废掉卫惠公,立伋的兄弟,也就是夷姜的小儿子黔牟为君。卫惠公跑到齐国避难。此时齐僖公已死,君主是其子齐襄公,即宣姜的弟弟,卫惠公的舅舅。外甥

挨了欺负，舅舅自然不能坐视不管。于是，齐襄公联合各诸侯，带兵攻入卫国，杀死反叛的大臣，赶跑了黔牟，又让卫惠公坐回了王位。

事至于此，宣姜本可踏踏实实当母仪天下的太后了。可谁知，她的亲弟弟齐襄公不知想唱哪一出，竟然想出这么一个歪点子：强逼着卫宣公的另一个儿子，也就是宣姜的庶子公子顽，烝宣姜！真不知这哥们是心疼姐姐呢，还是故意作践姐姐，反正是所有无厘头的乱伦节奏统统让这苦命的宣姜赶上了。

宣姜愿意吗？照例无记载。一生之中，她与卫宣公父子纠缠在一起，身份几经扭转，屈辱与荣耀，尴尬与尊贵，拧成了一股麻绳，将她紧紧绑在权力斗争的漩涡中心，欲罢不能，欲哭无泪，欲说还休。

后来，宣姜跟后儿子公子顽居然又生了三男二女，真不知道他们是怎么做到的。

只是难为了卫惠公，到底是称宣姜母后呢，还是嫂子？

烨烨文姜

1

齐襄公这个人在军事上还是有一套的。他主政期间，齐国越来越强大，领土也扩张了很多。但是，从他强逼公子顽烝宣姜这件事上，能看出这人是不爱按套路出牌的。事实上，他也的确是春秋各路诸侯里的一朵奇葩。

叁 车轮碾过白富美

齐襄公是齐僖公的大儿子,名叫诸儿。根据姜家出美女这点推测,诸儿的基因应该也错不了,很可能是个玉树临风、风流倜傥的帅哥。更要命的是,这帅哥还是个难得的情种,只不过他风情万种无地着,把情用错了地方。

诸儿有两个姐妹,姐姐就是宣姜,妹妹称作文姜,都有倾国倾城之貌,在当时的春秋各国,称得上是"绝代双娇"。小妹文姜更是出类拔萃,美貌与才情并重,写得一手好诗,犹如两千年后的林徽因、陆小曼,"文姜"这个谥号,就是有文采的姜氏女子之意。

会写诗的女子自然多情。文姜生在深宫,自小与哥哥诸儿一起长大,英俊的哥哥是自己的保护神,潜移默化中,哥哥就成了心底的那缕白月光。待到情窦初开时,别的男子再也难以进入她的世界。而诸儿本就是个情种,有一个才貌双全的小萝莉天天粘在身边酥酥地叫着"欧巴、欧巴",早已是心猿意马,文姜也就成了诸儿眼里的红玫瑰。

春秋时,礼教还未成大防,人们对伦理纲常看得也不是很重,像卫宣公烝夷姜、纳儿媳这种放到现在惊世骇俗的丑闻,在那时虽也很不光彩,却只能算是花边绯闻,并非什么稀罕事,人们对之总还能见怪不怪。

因此,诸儿和文姜这对兄妹,到底没能抵挡住爱欲之火的蔓延,终于听从内心的呼唤,迈出了不该迈出的一步。

对于文姜是否在出嫁前就与哥哥乱伦,《东周列国志》持否定说法,更撰兄妹二人临别前情诗为证。诸儿给文姜的诗是:"桃有华,灿灿其霞。当户不折,飘而为苴。吁嗟兮复吁嗟!"意思是说:妹妹你艳若桃花、灿若云霞,在家没搞掂,

便宜那傻瓜，可惜啊可惜！文姜回复诸儿的诗是："桃有英，烨烨其灵，今兹不折，讵无来春？叮咛兮复叮咛！"意思是说：妹妹我人面桃花、水嫩光华，今日无缘摘，明春勿忘掐，谨记啊谨记！但正史对其行状言之确凿，《史记》载："鲁夫人者，襄公女弟也，自釐公（即齐僖公）时嫁为鲁桓公妇，及桓公来而襄公复通焉。"一个"复"字说明二人早就木已成舟。

说实话，假如诸儿和文姜不是亲兄妹，这对情侣的确算得上是一对璧人。更重要的是，两人上演的还真不是单纯的岛国动作片，不是为了满足原始的赤裸裸的情欲而玩刺激。对于这份感情，他们的确是认真的，是全身心投入的，像是一出兄妹版的梁山伯与祝英台。

然而，他们的爱情毕竟是不伦之恋。偷欢虽然刺激，却随着时间流逝，愈增无望之感，知道终有一天，两人逃不脱劳燕分飞。

果然，父亲齐僖公到底发现了他们的畸恋，大怒之下却不便声张，于是匆匆将文姜嫁到鲁国，成为鲁桓公夫人。

自此，兄妹二人在老爹齐僖公的有生之年，始终缘悭一面。直到老爹去世，诸儿继位，才终于有了重温鸳梦的机会。

2

公元前693年，鲁桓公因国事将访齐国。文姜知道后，怦然心动，要求同去。鲁桓公对这个宝贝媳妇一直言听计从，自然应允。但大臣申繻看出了一些问题，劝鲁桓公："不可。女有家，男有室，无相渎也，谓之有礼，易此必败。且礼妇人无大故则不归。"这话听起来有点没头没脑，却暗含机锋，隐指

叁 车轮碾过白富美

文姜——做大臣的,只能说到这种程度了,点破了,自己还怎么在鲁国混?无奈不知鲁桓公是真糊涂还是装糊涂,到底没听劝告,还是带着文姜回娘家了。

二人一别经年,兄妹均褪去年少时的青涩。诸儿已是一方诸侯,无形中尽显成熟霸气;文姜虽已为人妇,且儿子都已至舞勺之年,但姿色非但无减,反而在美艳之中又增妩媚诱人的熟女气息。

一见面,蛰伏十五年的畸形爱恋,像启封的陈年窖酒一样,迅疾挥发出致命的诱惑气息,很快就熏醉了兄妹二人。激情一旦死灰复燃,立即成燎原之势,势不可挡,兄妹俩重新搞到了一起。

这种桃色新闻,历来难以掩藏。很快,消息传到鲁桓公耳朵里。文姜一直是鲁桓公心目中的女神,女神出嫁前混乱的情史,桓公不会不知道。之所以不计前嫌,始终将女神捧在掌心,完全出于桓公的一片赤诚之爱。桓公的这种做法现在很多男人仍在践行:用我滚烫的爱融化你的铁石心肠。然而,直到此时,桓公方才真正明白申繻话里的深意:初恋情人永远是她心底的一粒转基因种子,一遇到适合的阳光雨露和土壤,就会迅速疯长,那时再想拔除,恐怕你的头上已经绿色成荫。桓公觉得屈辱、失望、愤怒,史无前例地朝文姜大发雷霆,甚至一口咬定大儿子太子同不是自己亲生的,而是齐襄公的孽种!

然而,十五年的宠爱,早已把文姜惯成了豌豆公主,就算是两句牢骚,文姜都无法忍受,更甭说怒斥了。况且,说你的亲生儿子是别人的野种,这不纯粹胡说八道吗?于是,文姜委屈地跑到诸儿那一顿梨花带雨地哭诉。

也许，文姜只是想单纯诉诉苦，以求情哥哥的温言抚慰。可是，齐襄公见丑事败露，心中方寸顿时大乱，唯恐鲁桓公记恨，回国后会对他有所不利。于是，从不按套路出牌的襄公，情急之下竟然走出这么一步臭棋……

3

第二天，齐襄公邀请鲁桓公到宫里喝酒。桓公本就愤恨不平，酒入愁肠，很快便被灌醉。襄公便派齐国最强壮的大力士公子彭生送桓公回驿馆。对于彭生这个"大力水手"来说，桓公简直就是个小鸡仔。彭生抱桓公上车时，顺便就"拉杀"了桓公。

"拉杀"是《史记·齐太公世家》中的说法。什么叫"拉杀"？《史记·鲁周公世家》在记述同一事件时解释了这个非常特殊的杀法："摺其胁。"《毛诗正义》解释说："摺与拉音义同。彼皆言拉杀，此言搚杀者，《说文》云：'搚，捉也。'何休云：'干胁拉折声。'正谓手捉其胁而折，拉然为声，此指言杀状，故言搚也。"说白了，鲁桓公估计是被彭生活活勒断肋骨，伤及内脏而死的。

至此，拳头、枕头、阴谋、爱情、惊悚、悬疑、凶杀、兄妹恋、三角恋、不伦之恋……种种抓人眼球的噱头统统齐备，一场桃色事件最终竟然演变为一桩谋杀案，而且还不是一般的谋杀案——一国君主暗害另一国君主，这国际争端可不是闹着玩的。

但事已至此，总需有个收场。国君在邻国死得不明不白，鲁国自然强烈抗议。齐襄公早想好了对策，要说法是吧？那是必需的。此案发生后,我方高度重视,迅速成立专案组,由我任组长,下设侦察组、技术组、督导组、后勤组,经过我方深入细致地调查取证,艰苦卓绝地刑事侦查,凶手于案发十二小时便落入法网。经审理确认,弑鲁君者乃公子彭生也!冤有头债有主,杀人偿命欠债还钱,虽然公子彭生是我国宗室子弟,且战功赫赫,但我方本着法律面前一律平等的原则,绝不会包庇袒护彭生,决定判处死刑,立即执行,以死谢罪。对于鲁君的不幸罹难,我方深表遗憾。同时,导致此次严重政治事件的原因,主要是我方对鲁君的安保出现严重疏漏,我方启动责任追究机制,对负责安保的张三、李四、王五和孙大麻子按渎职罪处理,撤销一切行政职务,并向贵国人民表示沉重哀悼和诚挚歉意……

于是,可怜的彭生成了替罪羔羊。

鲁国当然也知道这背后的猫腻。但齐国强、鲁国弱,弱国无外交,争出这么个结果,总算是个交待,不然逼急了齐襄公这不按套路出牌的主儿,可啥事都办得出来,一旦引发军事冲突,鲁国能不能有便宜占真是很难说。干脆见好就收,心照不宣地暂时咽下了这口窝囊气。

齐襄公总算拿彭生之命稳住了鲁国。然而,对于冤死的彭生,他终究心有歉疚。后来,齐襄公精神恍惚,总以为彭生化为豸人来跟他讨说法,差点被吓死。这是后话,暂且不表。

再说文姜,本来只是想趁这个机会重温春梦,给自己无聊的婚姻生活添点作料、找些刺激而已。谁承想,风流变尴尬,尴尬变可怕,事情完全失去了自己的掌控。情人杀死丈夫,自己夹在中间,落得个有家不敢回、有儿没脸见。没办法,文姜只能留在了娘家。

而鲁国不能一日无主。很快,鲁桓公和文姜的大儿子公子同继位为鲁庄公。鲁庄公当时不过十三四岁年纪,虽然知道母亲跟舅舅的丑事,但思母之情难以忍受,还是请回了母亲文姜。没了丈夫的羁绊,儿子又对娘的奸情予以默认甚至支持,文姜终于可以为所欲为了。后来她多次公开或半公开与齐襄公欢会于齐鲁边境的禚、祝丘、谷等地,成为一个"性福"的寡妇。

能够把一曲不伦恋歌唱得如此肆无忌惮、荡气回肠的,古往今来恐怕只有文姜一人吧。

悲哀哀姜

1

文姜能得偿所愿,很大程度上因为有一个孝顺的好儿子——鲁庄公。

鲁庄公遗传了母亲的美丽基因,也是生得仪表堂堂、风流倜傥。《诗经》中的《猗嗟》一诗这样描述鲁庄公:

猗嗟昌兮,颀而长兮。抑若扬兮,美目扬兮。巧趋跄兮,射则臧兮。

猗嗟名兮,美目清兮,仪既成兮。终日射侯,不出正兮,展我甥兮。

猗嗟娈兮,清扬婉兮。舞则选兮,射则贯兮。四矢反兮,以御乱兮。

用现在的话说就是:魁伟身姿妙,眼美箭法高,秀眉轻扬

叁 车轮碾过白富美

时,女粉神出窍。典型一个高富帅。

鲁庄公作为一国之君,本应早日婚配,明确正宫。可这高富帅却一直没把这事列入日程。当然,这并不等于人家是独身主义,也并非性取向有问题。

鲁庄公继位的第三年,也就是刚刚十五六岁时,就在皇宫的高台上发现邻居大夫党氏家的女儿孟任貌美如花,当即像只叫春的小猫一样,跑到人家里去求欢。这事要搁现在,甭说长腿欧巴李敏镐赶着临幸,就算人家冲她一声呼哨,都能把那些脑残粉乐傻了,为了验证自己不是在梦里,非得用指甲把大腿掐出血不可。

可面对帅哥国君的爱情攻势,孟任却非常理智,一直无动于衷。鲁庄公也够执着,不停猛攻,甚至承诺立孟任为正宫娘娘。孟任心想,人家长得帅、地位高、对我好,没理由不投降啊;况且一国之君,金口玉言,也没理由不兑现诺言啊。但为了保险起见,她还是要求庄公立誓为证。鲁庄公毫不含糊,立马"割臂以盟"。孟任见有了双保险,终于答应了庄公的要求。

可怜孟任如此精明,终究斗不过无耻男人。上床前的男人和下床后的男人压根就是俩人。提起裤子,鲁庄公就开始耍赖装糊涂,孟任跟他不明不白过了很多年,还稀里糊涂生了儿子斑,却到死也没混上夫人的名分。

说实话,鲁庄公的确是爱孟任的,后来还打算让孟任生的儿子斑接自己的班。之所以欺骗孟任,他其实是有自己更长远的打算——那就是与齐国联盟,让弱小的鲁国继续抱紧齐国这棵大树。那么,夫人的位置自然就要留给齐国公主。

只是很长一段时间,鲁庄公都没找到这个机会。直到他继

163

位二十二年后，才终于与齐国缔结了婚约。

这次齐国出的"货"是哀姜。哀姜的身份至今仍有争论，《史记》说哀姜是齐僖公的女儿，但如果这是真的，那么此时的哀姜至少也要二十八岁了。今天二十八岁的未婚女青年随处可见，但在春秋时是匪夷所思的，就像如今的水果等到自然熟才出售一样，可能性是微乎其微的。于是，很多人更倾向于认为哀姜是齐襄公的女儿，即文姜的侄女、鲁庄公的表妹。

哀姜出嫁的过程，说起来一波三折。

2

鲁庄公二十一年，奉行"再不疯狂就老了"原则的一代艳后文姜，终于消停了。第二年，鲁庄公以国母之礼将文姜风光大葬。紧接着，与齐国的婚姻谈判也终于取得突破性进展。此时齐国国君已然是赫赫有名的春秋五霸之一的齐桓公姜小白，小白是齐襄公的兄弟，同样是鲁庄公的舅舅。小白决定与鲁国达成交易，把侄女哀姜送给鲁庄公。于是这年冬天，鲁庄公腆着脸亲自跑到齐国签合同、交定金。这之后的一年，《左传》记载鲁庄公多次访问齐国，有时候是去观看人家祭祀社神，有时候是两个元首会见，搞得鲁国大臣很是不爽，认为鲁庄公是违反礼制，丢了鲁国的面子。

那么鲁庄公为啥拼着违反礼制也要往齐国跑呢？答案在刘向的《列女传》里："哀姜未入时，公数如齐，与哀姜淫。"意思是哀姜在嫁到鲁国前，鲁庄公就多次来到齐国，与哀姜腻腻乎乎。如今前卫时髦的"试婚"，原来人家哀姜两千多年前就玩过了。这真是长江后浪推前浪，一浪更比一浪高，比起她的两个姑姑"绝代双姜"来,哀姜毫不逊色。而且看起来,鲁庄公这个阅女无数的大帅哥,哦不,应该是老帅哥(此时的鲁庄公已经三十五六岁了),对哀姜非常着迷,这足以证明哀姜的独特魅力。

一年后,好不容易盼到了婚期,鲁庄公兴冲冲地到齐国迎娶哀姜。可奇怪的是,《左传》记载,鲁庄公是夏天去迎亲的,但迎了好几个月,自己竟一个人蔫头耷脑返回了鲁国。直到秋天,哀姜才磨磨唧唧来到鲁国。更让人不解的是,到了国境边上,哀姜还是迟迟不肯入境。《诗经》中的《载驱》一诗说的就是这个事:

载驱薄薄,簟茀朱鞹。鲁道有荡,齐子发夕。
四骊济济,垂辔沵沵。鲁道有荡,齐子岂弟。
汶水汤汤,行人彭彭。鲁道有荡,齐子翱翔。
汶水滔滔,行人儦儦。鲁道有荡,齐子游遨。

既然与鲁庄公两情相悦,甚至早就以身相许了,为啥还这样拿着、捏着、矜持着呢?原来,这哀姜可不简单,在这个万众瞩目的关键档口,她居然给鲁庄公出了一道难题,一旦得不到满意答案,人家立马放鸽子,让全世界看你鲁庄公的笑话!

什么难题让一国之君难以应答呢?

《春秋左传正义》载:"《公羊传》曰:'其言入何?难也。其难奈何?夫人不可使入,与公有所约,然后入。'唯言有所要,不知要何事,故云盖以孟任故也。'就是说猜测是因为孟任的缘故。

而何休的《解诂》则认为:"约,约远媵妾也。"这里的"媵妾"是古代一种婚配制度,即在嫁女时一并陪嫁同姓平辈

或侄辈之女。这个陪嫁的小妾，就叫媵妾。说白了就是买一送一或买一送 N 的"家庭特惠装"。那么同哀姜一起出嫁的附赠品是谁呢？是哀姜的妹妹，名为叔姜。也就是说，哀姜的要求是，过门之后不准碰我妹妹叔姜。

不管是远离孟任，还是远离叔姜，哀姜的核心意思就是要求鲁庄公，务必感情专一，除了我哀姜之外，绝不能再碰其他女人！

当然，搁现在，这种要求非但不过分，而且合情合理合法。但那可是 2000 多年前的春秋啊，那时可是男人的乐园啊，妻妾成群非但不是丑事，反而合情合理合法。这么个要求，在当时绝对算是苛刻至极，是不合情不合理不合法。鲁桓公自然是非常恼火，这简直是无理取闹嘛！

可是，箭在弦上不得不发，自己的脉门在人家手里扣着呢，如不答应，立即会闹出国际笑话。鲁桓公做了很长时间的心理斗争，最后，把牙一咬、脚一跺——从了。

这次博弈，哀姜貌似赢了。

虽然搞了个小插曲，但鲁庄公还是给了哀姜很大面子。他甚至还冒着违反礼制、受舆论谴责的风险，命令鲁国宗室的贵妇们把玉帛作为见面礼送给哀姜（这个层次的赠礼，本应是枣子、栗子、腊肉等食物，送玉帛属于违礼）。此时，哀姜可能心里暗自得意：瞧我这下马威，使得多漂亮！就算是老虎，我也要把你驯成小猫！

然而，哀姜高兴得太早了，她哪里知道鲁庄公这种男人，把对女人的承诺从来都视为粪土——许给孟任"夫人"的承诺直到人家死都没兑现，何况你这无理取闹的要求。反正你已嫁入我姬家（鲁国国君是姬姓），我就耍赖你能咋地？

很快，鲁庄公就以实际行动——临幸媵妾叔姜——来向哀姜宣布：这个家还轮不到你说了算！

哀姜什么反应呢？史书没有记载。但可想而知，哀姜很生气，后果很严重。

3

种种迹象表明，哀姜是一个控制欲很强，又有些歇斯底里、爱走极端的女人。只要是她认准了的事，哪怕是万丈深渊，哪怕是身败名裂，也绝不回头。我猜她可能是这种想法：我的男人就必须要忠于我，对于别的任何女人，都不许看、不许想、不许动，哪怕是我的亲妹妹叔姜，这是我的爱情观和婚姻准则，坏了规矩就是对我的背叛，只要你不仁，就别怪我不义！

她是怎样报复丈夫不忠的呢？那就是以其人之道还治其人之身。

鲁庄公有三个弟弟，二弟庆父，三弟叔牙，四弟季友。哀姜把目标锁定在了庆父身上。为何选择庆父？大概哀姜觉得庆父是一支绩优潜力股：年轻、精力旺盛、手握重权，一人之下万人之上，更重要的是，对自己言听计从。哀姜自己没有子嗣，抓住了庆父，就抓住了自己的未来。

过了几年，鲁庄公病危了，这个时候他终于良心发现，觉得对不起郁郁而终的孟任，于是想让自己与孟任生的大儿子公子斑继承君位。

在这个问题上，当时是分为两个阵营的，一派是拥立公子

斑，支持者是鲁庄公和四弟季友；另一派拥立庆父，拥趸是叔牙和哀姜。鲁庄公临终托孤，把后事交给了季友，季友设计毒杀了自己的三哥叔牙，这样一来，天平倾斜，公子斑得以继位。可哀姜和庆父并不甘心，不到两个月，就派杀手刺杀了公子斑。季友势单力孤，只得暂时逃到陈国避祸。虽然政敌或死或逃，庆父已然没有了障碍，但他觉察到国内人心不稳，此时自己贸然登基，很难控制局面。于是与哀姜俩人一合计，就立了叔姜八岁的儿子公子开为君，即鲁闵公。

鲁闵公当然只是个傀儡，哀姜与庆父再无顾忌，过起了公开的同居生活。但庆父仍觉得不过瘾，傀儡虽不碍事，但毕竟占着一个好座位，怎么看怎么不爽。于是，又跟哀姜商量打算除掉鲁闵公而自立。

情夫要除掉的不是旁人，而是亲妹妹的儿子、自己的亲外甥、同时也是自己的庶子啊。而此时的哀姜，已然迷了心窍，陷入疯狂，性格的缺陷暴露无遗。她明知自己是在玩火，却还是飞蛾扑火，居然就批准了庆父的阴谋。

难道庆父对她真的那么重要吗？我想，这应该从她的身世分析。

无论哀姜是齐僖公的女儿还是齐襄公的女儿，总归是贵为公主的。但是，她生不逢时。有人分析过，如果她是齐僖公的女儿，基本就是遗腹子，也就是说刚一出生，就失去了靠山，没了父爱。如果她是齐襄公的女儿，就冲齐襄公与文姜的荒唐绯闻，也不可能把更多的注意力放到她的身上。况且，有人考证说，因对齐襄公的荒唐事非常气愤，母亲生下她没多久就去世了。这样一来，她基本算是个准孤儿。后来，齐襄公被叛臣

叁 车轮碾过白富美

害死,她的叔叔齐桓公回国继位。齐桓公当初是被她父亲齐襄公迫害流亡的,又怎么可能对她多好呢。

所以说,哀姜的童年和少女时期,很可能是备受冷落排挤、缺乏亲情温暖的,没有归属感、安全感,这无形中扭曲了她的心灵,给她留下了深深的心理阴影。

而嫁鲁庄公,她肯定认为是一个改变命运的绝好机会。于是,暗下决心必须要牢牢抓住这张王牌,绝不能被别人抢走,使自己重蹈凄苦伶仃的覆辙。她煞费苦心,用尽浑身解数,本以为可将鲁庄公完全掌控。谁知,庄公竟是这样一个用情不专的花花公子。她失望了,愤怒了,再加上不能生育带来的后顾之忧,她害怕了,不得不重新为自己的未来铺路。而在鲁国,也只有庆父能够给她想要的东西。她认为,帮助庆父,就是帮助自己。所以,无论前方是悬崖峭壁,还是海市蜃楼,抑或康庄大道,她都必须义无反顾地跟着庆父往前冲。

真是上帝欲使其灭亡,必先使其疯狂。鲁闵公继位两年后,鬼迷心窍的庆父和哀姜就又派杀手干掉了这个无辜的十岁儿童。

他们本以为这事神不知鬼不觉,但鲁国人早看透了这对疯狂的傻瓜。弑君事件发生后,鲁国上下群情激愤,而避祸陈国的季友也趁机发难。在内忧外患的压力下,估计连招呼都没跟哀姜打一个,庆父就直接惊惶出逃到莒国。

被情人抛弃的哀姜彻底傻了眼。她怎么也料不到,昨天还对自己甜言蜜语、忠心耿耿的情郎,就这么一拍屁股走了,把一个无法收拾的烂摊子丢给了自己。

季友拥立了鲁庄公的另一个儿子公子申为君,即鲁僖公。

哀姜知道鲁国被搞成这副模样自己难辞其咎，只得逃亡到了邾国。

流亡的日子不好过，但即使是这样的生活，哀姜也没法继续。很快，鲁国贿赂莒国，请求引渡乱国元凶庆父回国伏法，庆父走投无路，自杀谢罪。而哀姜的叔叔齐桓公，大概也觉得哀姜太过分，为找回点面子，便从邾国召回哀姜杀掉了，然后把尸首送还鲁国。鲁国以夫人之礼厚葬了哀姜。

心比天高，命比纸薄，哀姜的一生与男人斗智斗勇，貌似招招致命，实则处处下风。她不懂政治，却始终在政治的险途上闭目而行，步步惊心，终究坠崖。她渴望与人抱团取暖，却浑身是刺，处处伤人，自己也是遍体鳞伤。她自诩最懂男人，实则最不懂的就是男人，本以为抓住男人就有了依靠，于是把自己所有的鸡蛋都放在男人这一个篮子里，结果是鸡飞蛋打，反被男人利用……

哀姜的谥号是"哀"，真是一个哀字道尽一生的无奈。

肆

小人物发飙攻略
—— 话说小人物的驴脾气

「小人物的大历史」

据说，人的脾气是与身份成正比的。在人们的印象中，身份越高，脾气就应该越大，身份低微，似乎连发脾气的资格都没有，只有"官大"才能"脾气涨"。

不过，正如黄小琥歌里唱的那样，"每个人有他的脾气"，小人物也是人，自然也有七情六欲，高兴时大笑，伤心时流泪，生气时也会发飙，大人物有大人物的"牛脾气"，小人物也有小人物的"驴脾气"。

但是，所谓"人穷志短，马瘦毛长"，发脾气也是需要底气的。底气不足，发起脾气来，或者雷声大雨点小，没人买账，到最后只好虎头蛇尾，讪讪地自个找个台阶收场；或者像《水浒传》里武大郎那样，气冲冲跑到王婆那里捉西门庆、潘金莲的奸，却被奸夫飞起右脚正中心窝，踢了个口吐鲜血、面皮蜡黄。

那么，小人物发脾气的底气是什么呢？

《战国策》里，有一名篇，说的就是一个小人物——唐雎发脾气的故事。唐雎虽然地位卑微，只是战国时蕞尔小国安陵国的小外交官，但他较劲的对象，却是威风八面、不可一世的超级大国总统秦王嬴政。

当时，嬴政对安陵的土地垂涎三尺，说想拿方圆五百里的土地来以大换小。安陵君知道，这买卖看上去很美，但明显是"逗你玩"，就婉言谢绝，可又怕秦国怪罪，便派唐雎出使秦国来好好解释一下。

大国沙文主义是不会听弱国解释的。秦王很生气，后果很严重。于是秦王开始耍流氓，阴森森地对唐雎说：你知道天子发怒是啥样吗？唐雎装傻说：不知道啊。秦王说：天子之怒，

肆 小人物发飙攻略

伏尸百万,流血千里。瞧瞧多牛叉:我要是犯起浑来,能让一百万人从地球上消失,能让黄河变红河!

秦王以为,这个来自第三世界国家的小爬虫听了这狠话,即使不会大小便失禁,也会膝盖一软给他磕响头。谁知,唐雎居然马上反问:那大王知道老百姓发怒啥样吗?秦王不屑一顾地回答:布衣之怒,亦免冠徒跣,以头抢地耳。老百姓发怒,不过就是裸奔外加撞头,心头奔腾而过一万匹草泥马罢了。唐雎说:这只是窝囊废的表现,有血性、有本事的人发怒可不这样。之后,他举了三个例子:专诸刺王僚、聂政刺韩傀、要离刺庆忌,都是草根干掉大人物的典型。唐雎接着说:如果算上我,就是四个典型了,要是把我逼急了,"伏尸二人,流血五步,天下缟素,今日是也。"我一个老百姓,不像你那么霸气侧漏,算上我自己,只能死俩人,流一小片血,不过,却能让你整个秦国都穿上丧服!说罢,拔出佩剑逼近秦王。

这正是横的怕愣的,愣的怕不要命的。好汉不吃眼前亏,像被扎了一针的气球,秦王立即泄了气,赶紧向唐雎道歉。这篇文章就叫《唐雎不辱使命》。

唐雎的例子告诉我们:屌丝要发飙,必得有大招。

大招就是底气,底气就是刺客腰间的剑,史家手中的笔,贤者脑中的智,士子胸中的浩然正气。

杀不尽的执着

太史公的直脾气

1

众所周知,太史公司马迁的《史记》被称为"史家之绝唱,无韵之离骚"。这种评价,不仅仅是说司马迁笔力雄健、质朴流畅、简洁凝练,更是说他"其文直,其事核,不虚美,不隐恶,故谓之实录"(《后汉书》)。这从他为李陵辩冤而惨遭宫刑一事,可见一斑。因此,一直以来,《史记》被视为"良史",司马迁被誉为"史圣",成了"太史公"这一官职的标杆人物。

司马迁这种秉笔直书的"实录"之风,当然并非从石头缝里蹦出,而是有着深远的传统渊源。在《史记》及《左传》中就记载了这样一件事。

肆 小人物发飙攻略

公元前548年,春秋时期的齐国,发生了一件轰动全国的大事:一起桃色新闻引发的弑君血案。

说起来,齐庄公吕光挺不厚道,他能够继承大统,其实全靠崔杼。是崔杼趁老国君齐灵公快咽气时,偷偷将吕光接回国都,发动政变,他才登上了王位。

但是,齐庄公回馈给崔杼的,却是一顶青翠欲滴的"绿帽子"。

崔杼的老婆棠姜是个美艳少妇,如花美眷总是让人放心不下。但崔杼不是一般人,他可是当时在齐国翻手为云覆手为雨的狠角色,这么狂拽酷炫吊炸天的主儿,有充分的自信Hold住任何淫娃荡妇、吓得跑任何狂蜂浪蝶。

然而,他忘了,他再牛,也只是王二,还有天子这个王大呢。但偏偏就是"王大"在挖他的墙角。

要说这齐庄公吕光也真是作死:你搞人家老婆,人家崔杼咬咬牙也就忍了,但你不该跑人家里交配啊;你偶尔跑人家里交配,崔杼闭闭眼也忍了,但你不该三番五次的比到自己后宫还随便啊;你三番五次地去,崔杼扭扭脸也忍了,但你不该啪啪的同时,把人家崔杼的帽子顺手牵羊带回宫啊;你把人家帽子顺走,崔杼瞪瞪眼也忍了,但你不该把这帽子当成战利品赏赐给别人啊,这不等于是向全世界宣布:崔杼就是个大王八吗?

崔杼当然不是涵养好,更不是不敢杀国君,只是没机会下手罢了。他原本打算趁齐国单挑晋国的时机,借晋国之刀除去齐庄公,但没有成功。

不过,一个叫贾举的小太监适时找上门来。

原来，齐庄公是个喜怒无常的家伙，心情不好的时候曾用鞭子狠狠抽过贾举，没几天又心情大好地把贾举当成贴心小棉袄。贾举虽然生理上不能再举，心理上却已经雄起，而且准确认识到，只有与同样很受伤的崔杼合作，才能报鞭笞之辱。于是，找到崔杼，二人一拍即合。

很快，机会就来了。一天，莒国国君来访，齐国设宴款待。崔杼作为重要大臣，称病请假，没有出席。齐庄公知道后，假惺惺打着探病的幌子，跑到崔杼家去偷腥。

说美丽是一种罪过，真是不假。棠姜虽叫"糖浆"，心里的苦却没人能体会得到。她本来是齐国另一个大臣棠公之妻。棠公死了，崔杼来吊唁，看到小孤孀梨花带雨，顿时被迷住了，强行将棠姜娶回家。哪知，她的美貌不仅招来一只豺狼，还引来一条色狗。史书说庄公与棠姜通奸，但棠姜面对一国之君的魔爪，不顺从又能怎样呢？一边是豺狼夫君，一边是色狗君主，周围都是兴致勃勃的八卦看客，棠姜的眼泪只能往肚里流了。

这次老公崔杼在家，齐庄公居然还敢恬不知耻地找她求欢（看来君主就是比土豪西门庆的胆量大），棠姜可能觉得这太过分了，你不要脸我还要脸呢，便摆脱齐庄公跑到屋里，与崔杼从侧门溜掉了（《史记》说是与崔杼闭门不出）。可是，这齐庄公像是只发了春的猫，竟然抱着门廊的柱子对着屋里唱起了黄色歌曲：我望呀望，看呀看/在此重逢你的笑颜/那一夜，你没有拒绝我/那一夜，我伤害了你/那一夜，你满脸泪水/那一夜，你为我喝醉……好了，不写了，我出去吐一会儿……

这也忒欺人太甚了，骑脖子上拉屎还不行，非让人吃下去

176

再高呼谢主隆恩啊！崔杼顿时怒从心头起，恶向胆边生。跟齐庄公同来的贾举与之心有灵犀，把庄公的随从统统拦在院外，自己进去后插上门闩，紧接着崔杼的私人保镖们从里面杀将出来。庄公见自己被人家关门打狗了，马上浪不起来了，求饶不成，就想跳墙逃跑，被一箭射中大腿掉下墙头，遭乱刀砍死。

说实话，齐庄公不仅 IQ 不高，EQ 也挺低，他的死不算冤枉。崔杼不仅对你有拥立之功，而且位高权重，哪里是个省油的灯，你不去笼络提防也就罢了，反而肆无忌惮地捅老虎的菊花，他要不死，都对不起他的智商。

杀了齐庄公后，崔杼虽然又拥立了公子杵臼为君，但天已被捅破，崔杼这个王二变成了实际上的王大。整个齐国陷入白色恐怖之中，差不多所有人都噤若寒蝉，谁还敢跟他崔杼对着干？

还真就有。

2

齐庄公虽然荒唐，但罪不至死，弑君这事更是不光彩，搞不好就会遗臭万年。崔杼虽然天不怕、地不怕，却对历史评价心存顾忌。于是，他命令齐国的太史写史——当然，免不了给点暗示：那谁，你看这事……是吧，如果你这样写，我就那样；如果你那样写，我就这样……你懂得吧，OK？

太史当然不是傻瓜，他很理解领导的意思。二话不说，一挥而就，任务很快完成。崔杼拿来一看，竹简上铁画银钩般刻着五个大字：崔杼弑其君。

这简直就是赤裸裸的挑衅啊！崔杼鼻子都快气歪了——我

裤子都脱了,你就给我看这个!你改不改!什么?不改?我数到3,不改就把你咔嚓了,1……2……2.5……什么?砍头不要紧,只要主义真,杀了太史公,还有后来人?那我就成全你——咔嚓!

有些当权者总是迷信于武力可以解决一切问题。没错,对大多数人来说,暴力的确令人心惊胆寒,在生与死的抉择中,求生几乎是最原始最本能的选择。但凡事都不能绝对,有些人,信仰和原则是超越生命而存在的,虽然看起来虚无缥缈,却无比强大坚韧。暴力也许可以摧毁他们的肉体,结束他们的生命,但无法击垮他们的精神世界。

齐国的史官就是这样一个脆弱而强大的群体。

那时,太史这个职位是可以接班的,如大家最熟悉的班氏家族,一部《汉书》,从父亲班彪,到儿子班固及女儿班昭,一家两代三人完成了这部著作。这个齐太史被崔杼杀害后,太史的二弟接过了哥哥手中的笔,上岗作业。

崔杼以为,如此"杀鸡",后面的"猴子"必然惊骇,怎能不乖乖按照他的意志对历史肆意涂抹?第二任太史面对仍然滴着血的屠刀,毫不迟疑,很快也交上了作业。崔杼一看,只见竹简上仍然是五个刚直的大字:崔杼弑其君。

较劲是不?崔杼暴跳如雷,连1、2、3也不数了,屠刀再次落下,鲜血立即染红了地上的竹简。

太史的三弟继任,崔杼恶狠狠地朝他晃着手中鲜血淋漓的屠刀,意思很明显:看看到底是你们的脖子硬,还是我手中的屠刀快!

第三任太史抹一抹眼泪,奋笔疾书,仍然是五个大字:崔杼弑其君。然后轻蔑地看了一眼崔杼,分明是在无声地回击:我们的脖子扛不住你手中的刀,但我们手中的笔你永远砍不断!

此时,一代权臣崔杼心中其实已经慌了,却是骑虎难下。他万万想不到,手无缚鸡之力的小小太史,面对森然的刀锋竟然毫无惧色。他不得不用更加狰狞的面目来掩盖自己内心的惶恐,于是,咬咬牙也将第三任太史送上了断头台。

太史的四弟不得不迈过三个兄长的尸体,踏着未干的血迹,走上这个高危岗位,继续担起写史的千钧重担。当崔杼接过第四任太史递过来的竹简时,他的手开始发抖,额上渗出汗珠。他不用看,也能猜出,竹简上一定还是这样五个大字:崔杼弑其君。他抬眼幽怨地看看面前这个凛然的太史——不,是看了看这个见了棺材不落泪、撞了南墙不回头的直脾气家族,眼神中的杀气已经被逼退,剩下的只有敬畏。

他颓然地挥挥手:你够狠,我认怂。

就这样,第四任太史终于从崔杼的魔窟中生还。

在回家的路上,他遇到匆匆赶来的另一个史官南史氏。原来,南史氏知道三个太史已因秉笔直书而遭屠戮,担心最后一个太史也会被杀,因此特意赶来接替太史。当他看到太史手中如实记录的竹简,长吁一口气,"如此甚好,否则,你看——"他扬了扬自己手中的竹简,上面赫然写着五个大字:崔杼弑其君。

当司马迁记录这个故事的时候,那种独特的文化基因和精神 DNA,已然潜移默化地渗入到他的生命中、他的骨子里。他清楚地意识到,当所有人都说谎的时候,正是史家最具价值的

「小人物的大历史」

时候。世界上任何一个人都可以说谎，只有历史的书写者不能。只要史家不出卖自己的灵魂，无论这个世界有多荒谬，终归会有清澈的一天。

只是，传承这种 DNA 的史家，从司马迁之后，已经越来越稀缺了，有的甚至基因突变，成为令人作呕的历史"PS 大师"。

买不起的傲气

越石父的倔脾气

张爱玲有一句名言：出名要趁早呀！来得太晚的话，快乐也不那么痛快。这话很实在，虽然透着那么一股小人得志的张狂味儿，但不可否认的是，名气的确就代表实惠，出名越早，实惠也自然越多。如果像蝉一样，在暗无天日的地下熬上十几年，才有机会破壳而出，却只有两个月的时间"居高声自远"，是多么令人心有不甘。

因此，张爱玲这句名言，至今都被那些做梦都想红的人奉为座右铭。为了能尽早出人头地，这些人可以在众目睽睽之下穿低胸爆乳透视装，成为红毯秀上的心机婊；可以故意颠倒是非混淆视听语不惊人誓不休，吸睛出位哗众取宠；可以自曝情路艳史甚至房事，节操碎一地无限拉低自己的下限；可以出卖朋友出卖肉体出卖人格出卖灵魂出卖可以出卖的一切，只为能博得"贵人"提携老板垂青……总之一句话：只要能上位，没

有什么不可以!

当然,也有人并不这么想,他们把自尊看得比富贵、比自由、甚至比生命更重要。

譬如春秋时,齐国的越石父。

越石父其实是一个不折不扣、如假包换的贱民。贱到什么程度呢?竟然落魄异乡、卖身为奴,成了给富人端痰盂、刷马桶、打扫柴院的仆人,完全堕入社会的底层。这可不像周星驰《唐伯虎点秋香》中的9527,是为了美人一笑而自愿典入华府的富二代,想来就来、想走就走的。如果不遇到彩票中大奖、硬币挡子弹、陨石砸脑袋的小概率事件,越石父基本就是汤姆大伯的中国版。

但神奇的是,某一天,一颗"陨石"还真就砸中了他的脑袋。

那一天,越石父像往常一样,从地里背着刚割完的一捆柴草,准备回到主人家喂牲口。途中,他有点乏累,就坐在路边休息。

下面就是见证奇迹的时刻。

齐国的相国晏婴出使晋国,回国时途经中牟(今河南鹤壁)时,恰巧看到坐在路边休息的越石父。

越石父可能是对"主要看气质"这句话最好的注解。此时的越石父,戴着一顶破帽子,穿着一件翻毛大衣——大概是衣服正面破得没法看了,才不得已反穿大衣以里当面吧——搁现在,很有可能因"影响市容"被城管请出市区。但与这种雷人装束很不搭调的是,越石父眼神睿智,面色平和,虽然席地而坐,却岳峙渊渟,那气度,那派头,竟然隐隐透着一股贵族范儿!

阅人无数的晏婴一眼就看出,这个"犀利哥"虽然败絮其外,但绝对是金玉其中,于是赶紧令人唤来问话。

原来,越石父本是齐国人,大概曾受过高等教育,却因贫困潦倒,三年前流落到晋国中牟,不得不自卖自身混口饭吃。晏婴知道自己今天运气不错,竟然在异国路边捡到个宝贝,赶紧问可不可以救他出苦海。终于找到组织的越石父自然求之不得。于是,晏婴命人解下马车左边的马当作赎资,找到越石父的主人,把越石父赎了出来,然后二人一起乘车回国。

可以想象,此时的越石父,心情一定非常激动。他万万没想到,在自己苦逼到伸手不见五指的时刻,居然可以触底反弹!机会绝对千载难逢,如果抓不住,很可能这辈子就只能给人当牛做马了。晏婴给了他生命的第二春,以一般人的角度、感情来看,十有八九会把大恩人当作新主子,甚至重生父母、再造爹娘,必然马首是瞻、唯命是从,甘当门下走狗,不仅对主子的招之即来、挥之即去毫无怨言,反而认为打是亲、骂是爱,主子当你是自己人才会用脚踹。

那么,越石父童鞋是怎么与恩人晏婴相处的呢?

回到齐国,晏婴像往常一样,抬腿下车就进了屋。可屁股还没坐定,就有随从进来禀告:您带回来的那叫花子发飙啦,嚷嚷着要跟您绝交呢。

晏婴听了一头雾水,不知这爷是要闹哪样,心里又憋屈又愤怒,气鼓鼓地让随从传话:我跟您根本没交情,谈啥绝交?你小子给人家当牛做马整整三年,我把你从火坑里拉上来,你不仅不知恩图报,怎么还翻脸无情!

越石父@晏婴：臣闻之，士者诎乎不知己，而申乎知己，故君子不以功轻人之身，不为彼功诎身之理。吾三年为人臣仆，而莫吾知。今子赎我，吾以子为知我矣；向者子乘，不我辞也，吾以子为忘；今又不辞而入，是与臣我者同矣。我犹且为臣，请鬻于世。（《晏子春秋》）

铁齿铜牙的越石父主要表达了四层意思：

理：在不懂我的人面前，我屈身可为稗草，绝不发悲声，因为白天不懂夜的黑，"不知我者谓我何求"；在懂我的人面前，我挺胸必为玉树，岂可失风骨，因为同道为朋齐肩为友，"知我者谓我心忧"。因此，君子不因有恩于人就盛气凌人，也不因有恩于己就低三下四。

情：我为奴三年，只遗憾弦断无人听；你一朝赎我，我欣喜当是伯牙逢子期。

事：谁知我是剃头挑子一头热，乘车时，您大大咧咧毫不谦让，我宁愿相信是您粗心，属无心之过；可刚才，您又当我是空气，目中无人自顾自进屋，把我晾在一边。看来您还是把我当成了卑贱的奴仆。

志：既然是知己，却仍当我是奴仆，我这心拔凉拔凉的，还不如到市场把我像牲口一样再卖掉吧。

不得不承认，越石父的确有傲娇的成分在里面。但一个快饿疯了的人，面对近在咫尺的熏猪蹄，竟然没有迫不及待抄起来狂啃，反而抗议盛猪蹄的盘子没刷干净，也足以让人佩服其超强定力和超人的勇气——万一对方是个喜怒无常的混蛋，或者心胸狭隘的伪君子、附庸风雅的假伯乐，恐怕不仅猪蹄没得吃，还会把那个没洗净的盘子砸在头上：给你个梯子，你还想上天啊!哪来回哪去吧!

当然,晏婴不愧为千古名相,不但能慧眼识珠,还能虚怀若谷。他马上意识到了自己的疏忽,立即与越石父面谈,检讨自己的过错,请求对方的谅解,然后扫洒庭院,改换座席,用最隆重的礼节接待越石父。

受到礼遇的越石父,终于感受到晏婴求贤若渴的诚意,欣然成为晏婴的座上之宾。

打不弯的腰杆

贯高的暴脾气

1

话说汉高祖刘邦，虽然称得上一代明君，却是个脾气令人难以捉摸的怪蜀黍，有时候礼贤下士，有时候又特别缺乏教养，尤其喜欢侮辱慢待他瞧不上的人，经常抢下儒生的帽子，朝里面撒尿。说好听点，这叫不拘小节、性情中人；说难听了，其实就是混不吝、耍流氓。

不过，谁让人家是九五之尊的超级大 Boss 呢，普天之下，莫非王土；率土之滨，莫非王臣。他这种狗脾气你受不了也得受——仰人鼻息，安敢嗫嚅？自然，肯定也会有一些适应能力超强的人懂得闭起眼睛享受强奸：您往我帽子里尿尿，这是赐给微臣龙涎御液啊，这多大面子呐，平时肯定舍不得喝，只有在过年时，面北三拜九叩谢主隆恩后，才能满含热泪地抿一小口！对了，这帽子是御用之物，也得当传家宝供起来！

当然，也会有人选择逃跑战略——惹不起，咱还躲不起呀！就像曾跟刘邦一起打天下的魏豹，说"汉王慢而侮人，骂詈诸侯髃臣如骂奴耳，非有上下礼节也"，最终与刘邦分手。虽然这并非魏豹背叛刘邦的根本原因，但称之为诱因之一应不为过。

但是，并非所有人都是如此奴颜婢膝。有的人把尊严看得比天还重，胸中桀骜的血性使他们人在屋檐下，也绝对不低头，就算碰个头破血流，还会傲娇地挺直腰杆说：皇帝算个屁，谁也别装×！

这次，狗脾气的皇帝刘邦，装×时遇到了个暴脾气的家伙。

公元前198年，在刚刚落成的未央宫中，刘邦的目光从手中一卷竹简上扫过，额上立即渗出一层密密的汗珠。

这竹简是一封告密信，检举揭发了一起骇人听闻的"斩首"行动，虽然是暗杀未遂，却足以令人心惊。

"妈蛋！吓死宝宝了！幸亏老子自带主角独有的心灵感应功能，不然就TNND提前五年搬进长陵啦！"刘邦不免心中一阵后怕，不由得想起一年前的经历。

那时，他讨伐韩信叛乱胜利，从东垣班师回朝，途经赵国的柏人县，本想在县招待所休息一晚，却突然心率过速，整个人感觉都不好了。一问得知，此县称作柏人。可能古时"柏"字的发音与"迫"相近，刘邦嘀咕道：柏人……迫人，不就是被别人迫害的意思吗？貌似这鬼地方不可久留，风紧，扯乎！于是，一拍屁股，连夜赶路，没敢停留。

这封告密信,正印证了他当时不祥的心灵感应是多么的准确——假如那天他住进了柏人县的政府招待所,午夜时分,房间的夹壁墙里,就会幽灵般钻出提前埋伏好的刺客,乱刀砍下,恐怕他刘邦连个屁都来不及放,就会变成一摊肉泥。

策划这出未遂刺杀大戏的人,名叫贯高。

2

贯高是谁?介绍贯高之前,先要介绍一下赵王张耳。

张耳也是跟刘邦一起打天下的合伙人,为大汉集团成功上市并最终在残酷的市场竞争中兼并所有对手,成为唯一垄断霸主立下汗马功劳。于是,大汉集团董事长刘邦任命张耳为赵国分公司总经理,称作赵王。张耳死后,儿子张敖接班,还娶了刘邦的大女儿鲁元公主。

啰哩啰唆说这些,跟贯高有毛关系呢?自然是有——贯高就是张耳公司里的员工(门客),后来成了辅佐张敖的副总(赵相)。贯高跟刘邦的恩怨,也正来源于此。

公元前200年,也就是刘邦在柏人县突发特异功能的前一年,刘邦御驾亲临赵国,导火线就是在那一刻点燃的。

这次御驾到赵,不仅仅是总部领导视察分公司,还是老丈人到女婿家串门。对这一点,张敖看得比较透,于公于私都必须进行最隆重、最真挚的接待。于是,张敖绞尽脑汁来讨顶头上司兼岳父老泰山的欢心:脱去华美的长袍,戴上雪白的套袖,瞬间由尊贵的藩王变为低微谦恭的服务生,整天黏在董事长身边,亲自端茶递水、盛汤上菜,努力争做优秀下属、模范女婿。不过,这个老丈人脾气有点差,不仅倚老卖老,还为老不尊,"高祖箕踞,詈,甚慢易之"(《史记》),这个当时世界上最大的老炮儿,大大咧咧岔开双腿(这是刘邦典型的坐姿之一,高阳酒徒郦食其初见他时,他就"倨床使两女子洗足",一副"我是流氓我怕谁"的无赖相),嘴里不干不净都是生殖器,根本就没拿赵王张敖当成一个人。

人与人之间的尊重是相互的,即使你是领导、是长辈,这种行径也属于没事找抽型。不过,胳膊毕竟扭不过大腿,加之张敖为人比较忠厚懦弱,对这个倨傲皇帝+岳父,始终是诚惶诚恐、恭恭敬敬。

但是,正所谓皇帝不急太监急,贯高同志以实际行动推翻了"兵熊熊一个,将熊熊一窝"的论调。见到自己辅佐的主公如此受辱,又如此窝囊,不禁怒发冲冠、拍案而起,对赵王兼服务生张敖说:"夫天下豪桀并起,能者先立。今王事高祖甚恭,而高祖无礼,请为王杀之!"当今这个世道,信奉的就是丛林法则,谁牛谁当老大,你把这老流氓当岳父泰山,他却当你屁都不是,这种人,你捧着他,他就是水晶杯子,你松开手,他就是玻璃碴子,您一个命令,我立马就把他摔成桃花朵朵开!

好家伙,这贯高一开口就要刺王杀驾,简直就是丧心病狂、肆无忌惮,难道不怕背上弑君叛国的千古骂名吗?其实这也怨不得贯高,根子在西汉的行政制度上。

西汉的行政制度为郡县制与分封制相结合,每个封国都拥有独立的经济财政权、人事任免权。分公司的员工由分公司总经理直接选聘,当然只对分公司总经理负责;至于你总部董事长,脸再大在我这里也没啥面子。这也正是贯高作为赵国国

相，刺杀汉朝皇帝，但在他看来，自己不仅不是逆臣贼子，反而是忠臣烈士的原因。

不过，张敖同志可不这么认为。听了这话，差点大小便失禁，吓得都把自己手指头咬出了血。好嘛，您这说的是嘛昏话？敢情你是月亮，你只要绕着我这颗地球转就行了，可我还要绕着皇帝这个太阳转啊。只有跟着他老人家混，我才有享不完的荣华富贵，我的子子孙孙才能世世代代含着金勺子当寄生虫，您呐，快别坑爹了。

贯高最大的优点是讲原则，最大的缺点是太讲原则。只要认为违背了他的原则，他就变成了一头看见红布的公牛，会不顾一切地冲上去，不是你死，就是我亡。见张敖不肯，他表面上不再说什么，背地里却与其他同僚商议。在他这头得了疯牛病的公牛感染下，大家一致认为：我们都是讲原则的人，我们原则的底线就是不受侮辱。老流氓刘邦侮辱我们的主公，就是侮辱我们，不杀掉他如何咽得下这口气！主公是个厚道人，我们也别让他为难，这事要是成功了，果实归他，失败了黑锅我们来背！

然而，他想得挺美，事实却是好心办了坏事。贯高只是一个好人，却也是一个糟糕的政治家。作为一个普通人，讲原则是一种美德；作为一个政治家，如果只讲原则就是脑残了。政治是妥协的艺术，更是利益纠葛相互牵制的乱线团，往往是牵一发而动全身，很多事情，根本无法说清是以个人身份做的，还是以政治身份做的。贯高的擅作主张，无疑是将张敖推上断头路。覆巢之下焉有完卵？果然，刺杀未遂，并最终被贯高的仇家得知而告发。但事情没有按照贯高简单的想法发展——与他同时被捕的，理所当然还有张敖。

不怕神一样的对手，就怕猪一样的队友。剧变之下，那些参与刺杀行动的十几个同僚，绝望中竟然争相要抹脖子自杀。此时，曾头脑发昏，走了一招臭棋的贯高，突然清醒起来，愤怒地制止住这些二货，"谁令公为之？今王实无谋，而并捕王；公等皆死，谁白王不反者！"咱们死不足惜，却平白陷主公于不白之冤中，还是留着这条命来为主公撇清罪责吧！

就这样，躺枪的张敖和讲原则的贯高，被装进囚车木笼押送到了首都长安。

3

到了长安，立即开庭审判。贯高好汉做事好汉当，一口咬定此案从策划到实施，均是他和同僚所为，张敖从始至终都被蒙在鼓里。但这个口供令人难以信服，于是，大刑伺候。

人在整治、折磨人的时候，往往是脑洞大开、最能创新的时候。历史上刑讯逼供的手段，令人眼花缭乱、骇人听闻。唐代酷吏来俊臣甚至还将此上升到理论高度，搞出来一本《罗织经》，里面颇为自信地写道：人辩乃常，审之勿悯，刑之非轻，无不招也。意思是说，人犯自辩，历来常见，审讯不得心存怜悯，动刑切莫心慈手软，如此审案，没有不招认的。

唐代理论，汉代已在实行。贯高所受的酷刑是"榜笞数千，刺剟"，千万别小看这句话，这六个字的背后，绝对是常人难以忍受的痛苦。当时，贯高已经是六十多岁的老头了，就算平时天天听养生专家讲课、跳广场舞，身体倍儿棒，一口气上五楼不费劲，但几千皮鞭抽下去，再被烧红的铁条一通乱

刺,甭说是老当益壮了,就算是泰森、施瓦辛格也要站着进来、躺着出去。事实也是如此,酷刑之后,贯高身上皮肉几乎无一寸完好,再用刑已经没地儿下家伙了。

然而,即使如此,贯高仍然牙关紧咬,一句话都不说。

有时候,死亡并不可怕,可怕的是生不如死,就如《罗织经》所说:死之能受,痛之难忍。

说实话,贯高的缺点很多,譬如愣头青、一根筋,不讲政治、不讲大局,目光短浅,容易激动,大脑经常进水短路等等。但上文说了,他有一个最难得的优点,那就是讲原则,宁折不弯,其骨头之硬,恐怕只有江姐、赵一曼等革命烈士能与之相比了。

酷刑制胜理论,在贯高身上彻底失效。审讯官无计可施,没了脾气,只能把审讯情况和供词上报刘邦。

刘邦虽然流氓气重些,但毕竟不是流氓,骨子里的英雄之气往往会在关键时刻涌出来。正所谓英雄惜英雄,对贯高的这身铮铮铁骨,刘邦不禁大为叹服,同时也对自己的判断产生了怀疑。于是便派与贯高一向交好的老乡泄公,以私人身份去套贯高的实话。

此时,贯高被折磨得只剩半条命了,躺在竹床上已难以下地。泄公来到竹床前,没有着急问关键问题,而是像老朋友一样,嘘寒问暖,跟贯高拉起了家常。话题自然而然转到案子上,泄公貌似不经意地问道,张敖到底是不是幕后主使?贯高的回答既实在又真实:人情宁不各爱其父母妻子乎?今吾三族皆以论死,岂以王易吾亲哉!顾为王实不反,独吾等为之。对于亲人和主公,从感情角度,他毫不避讳地选择前者;而从良心角度，他毫不犹豫地选择后者。这个回答，是我见过最君子的回答。他不回避自己的错误，不粉饰自己的行为，不推卸自己的责任，不矫情，不造作，不虚伪，合情入理，敢作敢当，光明磊落，坦坦荡荡，可谓真性情、真汉子、真君子。然后，他详细说出事情的来龙去脉。

刘邦不愧为胸襟如海的一代明君，不仅明辨出这份口供确凿无疑，而且改正自己的错误，立即赦免了比窦娥还冤的张敖，同时对贯高的君子之气和侠义心肠大为赞赏，竟然将他十恶不赦的谋反大罪也一并赦免了。

泄公把张敖出狱的消息告诉了贯高，贯高大喜过望，简直不敢相信自己的耳朵。泄公又说，皇帝都成你的粉丝啦，你也被赦免啦！本以为贯高会更加惊喜，但出乎意料的是，他竟然波澜不惊，很是淡然。

在贯高看来，对于恐惧、痛苦或者责任，以死逃避，很简单；以生面对，则太过艰难。之所以酷刑之下还能坚强地活着，绝非贪生怕死，而是要为主公留下一线生机；如今冤情得雪，自己闯出的祸也终归没有酿成大错，已然死而无憾。皇帝能容他弑君大罪，自己却难容皇帝失礼小错，看来还是自己气量狭窄、目光局促，终究是愧对皇帝。大丈夫生当顶天立地，死亦无愧于心，今日不以死谢弑君之罪、以死报知遇之恩，更待何时呢？

语罢，贯高仰头用力卡断了自己的咽喉。

生不如死时，他选择生；绝处逢生时，他选择死。腰杆可以打断，但绝不会打弯；忠义可以犯错，但绝不能犯贱。

这就是贯高的暴脾气。

按不下的头颅

士人的倔脾气

中国从古至今历来崇尚读书,称书中自有"黄金屋""颜如玉""千钟粟",弱不禁风的读书人被视为国之栋梁,在"士农工商"的社会阶层序列中排在首位。

的确,士人群体作为社会的精英阶层,在国家治理、矛盾调和、限制皇权、文化传承等方面发挥了不可替代的作用,而且还形成了崇气节、讲担当、守信义、重良知、有情怀、爱家国的精神内核,其"士可杀不可辱""富贵不能淫、威武不能屈、贫贱不能移""士为知己者死""无求生以害仁,有杀身以成仁""先天下之忧而忧,后天下之乐而乐""穷则独善其身,达则兼济天下""为天地立心,为生民立命,为往圣继绝学,为万世开太平"等思想,至今仍闪烁着不灭的光辉。陈寅恪甚至说:"哪个民族把士给打倒了,这个民族就流氓化、卑鄙化了。"

肆 小人物发飙攻略

不过，随着封建王朝中央集权的不断加强，对读书人的思想阉割和精神禁锢也在不断深化，读书人这个群体中，迂腐僵化、软弱低劣的人越来越多，其形象更是逐渐被黑化、污化、戏谑化，范进、孔乙己、钱谦益等腐儒贰臣竟然成了士子们的形象代言人。

然而，麦地里即便多长了几棵杂草，却不能因此称为荒草地，虽然产量降低了，但毕竟还有很多麦苗倔强地突破杂草的包围，以金灿灿的麦穗向世界宣布：有我们坚守，庄稼永远不会绝收！

当明成祖朱棣跃马扬鞭踏破南京城之时，大明朝几乎所有的王侯将相都瑟瑟着匍匐在他的铁蹄之下，他以为自己终于征服了天下。可他万万想不到，无论是滴着血的利刃，还是炫目的金银和高高的乌纱，都无法让一个名叫方孝孺的读书人屈服。面对朱棣的巧言令色，这个瘦弱的儒生体内爆发出强大的力量，毫不留情地揭掉了他虚伪的面具，以绝不妥协的长矛，向强权的风车发起悲壮的挑战。恼羞成怒的朱老四以灭其九族相威胁，方孝孺也拧上了犟脾气：虽灭十族，亦不附乱！虽然方孝孺这颗"天下读书人种子"最终被灭了十族，自己也遭磔裂而死，却以另一种形式给天下读书人留下了"驴脾气"的基因，后世的于谦、海瑞、王夫之、谭嗣同、章太炎、鲁迅等铁骨铮铮、胸怀天下的士人，均与之一脉相承。

方孝孺名气太大，妇孺皆知，今天我们要谈的，则是一群有着跟方孝孺一样犟脾气、却几乎被世人遗忘的读书人。

要聊这些渺小的读书人，先得介绍他们强悍的对头。

其实，这个对头很穷，穷得只剩下权和钱了。他在京城附

近到处圈占土地修建自己的私人主题园林，每处园林的面积都比如今的首都国际机场还要大。大概是由于长着豺的眼睛、鹰的肩膀，所以他对兔子之类的小动物很有爱心，甚至还建了一处名为兔苑的园林，并以政府的名义下发了红头文件，动用国家机器向老百姓征缴兔子。在这个高端大气上档次的园子中，兔子们无忧无虑地生活着，从不担心灰太狼的伤害，因为主人赐给它们每兔一个护身符：剃掉一撮毛，谁要是捕杀了这些兔爷，就会血债血偿。这绝非耸人听闻，曾经就有一个从西域来的客商，因为不知道这个规矩，误杀了一只兔子，结果因此相互株连，竟有十几个人丢掉性命。

当然，碾压贱民不过是小 case，他的经典案例其实是干死皇帝。

某日，素闻他恶名的皇帝小正太临朝，目不转睛地盯着他，"这就是那个狂拽炫酷吊炸天的将军啊！"（此跋扈将军也！）小正太显然知道的太多了，一句话就撕开了潘多拉魔盒上的封条，恐惧和怨恨之火从中喷射出来——很快，小皇帝就被他下毒害死了。

被毒死的小皇帝是东汉质帝。凶手就是东汉赫赫有名的跋扈将军——梁冀。

梁冀的妹妹是当朝太后，他自己是手握重兵的大将军，他一家先后有七人被封侯，三人做了皇后，六人做了贵人，出了两个大将军，夫人、女儿中有七人享有食邑，三人娶了公主，其他在朝任要职的有五十七人。对下，鱼肉残害百姓；对上，欺凌甚至毒杀皇帝，看起来地球已经装不下他了。《后汉书》这样描述他当时的张狂程度：在位二十余年，穷极满盛，威行内外，百僚侧目，莫敢违命，天子恭己而不得有所亲豫。相比之下，质帝给他"跋扈"的评语实在太温和了——岂止是跋扈，简直是疯狂，无论是文武百官还是皇帝天子，几乎没人敢惹他，横行朝野，连皇帝都成了他手中的玩偶。

但是，毒蛇出没之处，七步之内必有解药。邪气弥漫，必然就会有正气与之抗衡。无论梁冀多么跋扈疯狂，总是有人迎风而立，堂吉诃德一样绝不后退。

李固、杜乔是当时的两位名臣，也是朝中的重臣，他们有生之年的主要任务之一，就是与梁冀死磕到底。但不幸的是，最终二人遭到梁冀诬陷，双双就义。

天了噜！主角怎么能刚出场就挂掉？当然，你懂的，"李杜"这个反梁二人组，并非本文的主角。

习惯于聚光灯下的名演员，在这儿居然友情客串路人甲，那么，领衔主演的又是谁呢？

如今流行天团组合，TFboys之后，雨后春笋般冒出诸如Nice、Sunshine等男团女团，我们不妨也对这些即将登场的"新人"，重新整合、包装定位一下，说不定也能爆红上春晚呢。

主演之一： 收尸 F3

超级大反派梁冀害死李固、杜乔后，余怒未消，同时也是为了杀鸡骇猴，就把二人的尸体拖到洛阳城北夏门亭的十字路口，暴尸示众，同时群发了一条短信：谁敢来哭李杜的丧，我就让你老婆哭你的丧！

梁冀的狠话功效很大,虽然朋友圈被这件事疯狂刷屏,如果只看朋友圈,还以为全国都民怨沸腾、口水淹没奸贼呢;可实际上,城北夏门亭十字路口,两具尸身孤零零躺在冰冷如铁的地上,只有一个亭门小吏守在旁边。朔风如刀,枯叶飞舞,似乎全世界都冻得麻木了。大将军梁冀在主流媒体上依然英明神武、忠君爱国;李固杜乔在官方新闻发言人口中依然是乱臣贼子、叛国集团。梁冀的"杀唁令"就像一枚封印,牢牢钳住舆论,无论键盘侠们如何义愤填膺,如何大义凛然,如何铁腕铁血,却无一敢触碰封印。于是,洛阳城、甚至整个大汉王朝,都陷入这样一种"在家快意恩仇,出门明哲保身"的诡异状态。

一切都在梁冀的意料之中,梁冀特别享受这种你看不惯我又干不掉我的样子。

不过,享受并没持续多久,就有人来添堵了。

被杀鸡吓唬住的只能是猴子,真正有血性的人从来不惧威胁。那唬人的封印对他们而言,简直如同厕纸一张。

暴尸的第十二天,城北夏门亭,那个亭吏依旧守在尸体旁边,而亭长正昏昏沉沉打着瞌睡。忽然,阵阵悲泣从城中隐隐传来。亭长很是惊诧,不由得伸长脖子望去。只见城中走出一个踉踉跄跄的身影,一路恸哭而来。到近前,亭长这才看清,来人一身丧服,是个不足二十岁的年轻儒生,满面悲色,双眼红肿,北风吹起的风沙,打在脸上,立即描绘出条条泪痕。见得寒风中两具僵硬的尸体,儒生扑到李固的尸体上,哭得愈加悲了。

原来,此人是李固的学生,汝南人郭亮。这两天恰到洛阳游学,本想拜会恩师,聆听教诲,不成想恩师遭此横祸,暴尸街头。郭亮悲愤之余,立即手书奏章一封,打算求见皇帝,为恩师申冤收尸。这时,有好心人把梁冀群发的短信拿给他看,劝他不要惹火烧身。郭亮见罢,轻哼一声,不仅没有知难而退,反而找来两件道具——斧子和铁砧,用以表达自己宁可身犯死罪、遭利斧腰斩,也定要为恩师讨个公道的决心。

他左手拎着奏章斧子,右手抱着铁砧,朝皇宫决绝而去。可是,这孩子太单纯,把事情想得太简单。他满腔热血去,却遭一副冷脸拦,甭说皇帝,怕是连个太监也见不到半个影子,一个小小宫门守卫就断了他对公道的奢望。

既然上天关上了公道的大门,那么我就自己打开一扇仁义的窗子吧。虽然我郭亮一介儒生,无取恶贼首级之力,也无扳倒奸臣之权,但我有一身的正气,骨髓中注满的都是节义,为了自己的政治理想和人格追求,泰山压顶也绝不会低头!

于是,郭亮更加决绝地直奔城北而去,他要用嘹亮的哭声,吹响挑战黑暗势力的号角。

亭长正要喝止,又听一声更加凄厉的哀号传来,抬眼望去,只见远处又跌跌撞撞走来一名儒生,见李固尸身,也不顾一切扑过去号哭不止,边哭边道:学生南阳董班来迟了!

亭长又惊又急,连连驱赶。但二人抱着尸体死也不肯走。亭长很是生气——这太伤自尊了,大小我也一领导干部,主持这里工作,你们俩小子跑来耍彪,当我是空气吗?真拿豆包不当干粮啊!于是断喝一声,操起领导腔道:李、杜二公为大臣,不能安上纳忠,而兴造无端。卿曹何等腐生,公犯诏书。干试有司乎?意思是说李杜反革命集团就应打倒在地,踏上亿

万只脚永世不得翻身,你们这俩愤青,公然藐视法律,难道想尝尝牢饭的味道吗?

郭亮一把抹去眼泪,朗声说:亮含阴阳以生,戴乾履坤。义之所动,岂知性命,何为以死相惧?我郭亮走人间正道,顶天立地,为义所感,怎愿苟活,生亦何欢,死亦何惧!

这话说得铮铮作响、气壮山河,让人直觉一股浩然之气从心而生。只听一人大声喝彩:好壮语!快哉快哉!众人一看,说话的竟是一直在旁守候的小亭吏,都觉讶然。

语毕,亭吏一把扯下头上束发的红头巾,丢在地上,说:我乃陈留人杨匡,杜公本是我的老领导。听闻噩耗,我连夜赶至洛阳,穿上旧时官服,假冒夏门亭吏,只为给李杜二公护丧,驱赶野狗蝇虫,不使忠臣遗体再遭厄难。刚才听闻郭兄壮语,只觉热血沸腾。想李杜二公都乃坦荡君子,我等门生岂可不光明磊落!说罢,郭、董、杨三人的手紧紧握在了一起。

亭长其实不是恶人,只是不敢冒犯梁冀淫威。他也不愿看到三个小鲜肉顶风作案,被梁冀拿住,做成三块腊肉,这才不住驱赶呵斥,盼他们赶紧远离祸端。但见三人如此,不由得叹道:居非命之世,天高不敢不偻,地厚不敢不蹐。耳目适宜视听,口不可以妄言也。在这黑白颠倒的乱世,天再高你也得猫着腰,地再厚也得踮着脚,你们要是不机灵点、总是口不择言的话,恐怕难以在这乱世存身啊!

这番话固然没有郭亮的豪迈硬气,却是一个沧海草芥的生存指南,既充满升斗小民的人生经验和狡黠谨慎,又隐藏着深深的无奈和悲哀,同时,也饱含对晚辈后生的回护和担忧,像不像一个平凡甚至平庸的父亲,对不知天高地厚的儿子的谆谆告诫？我们无法责备他的软弱、世故和妥协，就像我们无法责备自己的父亲。

当然，郭亮等三人也没有责备他——因为根本来不及责备。李杜的暴尸示众既是杀鸡骇猴，也是在钓鱼执法。梁冀早已埋伏在周围的眼线此时跳了出来，逮捕了这个"收尸F3"，作为大案要案呈报上了朝廷。

此时，正是梁冀的妹妹梁妠梁太后临朝听政。梁太后本质还算善良仁厚，只是总受梁冀等奸邪小人忽悠蛊惑，才昏招频出。她本就后悔错杀李杜二人，这时阅罢卷宗，不禁为"收尸F3"的义气、勇气、正气所感，竟然将他们赦免了。

三人绝处逢生，却无见好就收之意，因为他们还未完成最低的目标：收尸。于是，冒着再次被捕的危险，由杨匡代表，又向朝廷上书，请求为李杜二公收尸。

这次不同于郭亮那次上书，三人现在已然是洛阳的"当红炸子鸡"，宫门守卫再不敢阻拦。很快，梁太后又批示同意了。就这样，三人将李杜二公遗体装殓入棺，分别送回老家安葬。

一切事毕，对垂垂老矣、昏聩不堪的大汉王朝失望透顶的"收尸F3"男团，从此隐居山林，再未出仕。

主演之二： 打狗小虎队

1

中国有句老话，叫：阎王好见，小鬼难缠。相比于阎王，小鬼暴虐、残酷的强度也许不够大，但它们作恶的广度却是阎

王无法比拟的,其恶劣影响更是难以估量。阎王就像一颗战斧导弹,威力固然猛烈,可只能定点打击;而小鬼好比细菌武器,看起来不起眼,却杀人于无形,蔓延开来甚至能使一座城市变成鬼城。

不过,阎王与小鬼之间的关系是相互依存的。小鬼只有借阎王之势狐假虎威,才能为自己换来利益好处;而阎王也需要靠小鬼延伸自己恶的触角,才能控制局面,长久地作威作福。小鬼其实就是阎王的羽翼,一堆羽毛飞不上高空,一只白条秃鹰也飞不上高空,只有羽翼丰满的秃鹰才能称霸天空。

折毁一根羽毛并不难,难的是从秃鹰身上拔下羽毛,那样无异于与虎谋皮,很可能打不到狐狸却惹得一身骚。因此,中国还有一句老话,叫:打狗还得看主人。

可是,有那么一种人,就是不信邪,他们才不管是德牧还是京巴,也不管是土狗还是泰迪,更不管是没主的野狗还是土豪的藏獒,只要它敢咬人,就一定要将之做成一锅狗肉。有的甚至更绝,不看僧面看佛面,冲着恶霸的面子,即便汪星人罪不该死,也必须往死里打。

有一条狗就很倒霉,遇到了这么个特爱较劲的愣头青。

2

这条"狗"的主人自然就是梁冀,遇到的愣头青叫陈蕃。

常在江湖混,怎能不求人。中国历来是关系社会,几乎每个人都同时扮演着两个角色:求人者与被求者。即便是权势滔天的梁冀也概莫能外。所谓县官不如县管,梁冀虽可只手遮天,但也有覆盖不了的手指缝地带。而这个"手指缝地带"的掌权者就是陈蕃。

陈蕃这个名字你可能感到陌生，但"扫天下"的典故你一定听说过。陈蕃年轻时独居一处，一天他父亲的朋友来看望他，见他家里脏乱得像个猪圈，就责怪说：你小子为啥不打扫干净迎接客人呢？陈蕃一点不觉得丢人，反而牛气哄哄地说：大丈夫处世，当扫除天下，安事一室乎？同样是宅男，同样脏乱差，现在的孩子，脑子里想的是动漫、WOW、飞机杯、小泽玛利亚；而一千多年前的陈蕃，胸怀的却是治国平天下，宅都宅出了境界，懒都懒出了情怀，邋遢都掩盖不住气魄。事实也确是这样，陈蕃这个人以天下为己任，先后与奸臣斗、与阉党斗，其一生完全称得上是战斗的一生、光辉的一生、悲壮的一生。

当时，陈蕃担任乐安郡（今山东临济）太守。有一次，梁冀想托陈蕃办点事（估计绝不是啥好事），就写了封信，让使者带去交给陈蕃。陈蕃这么有个性的人，当然不会让人随意差遣了，特别是不会成为梁冀的帮凶走狗。于是给了那个使者一碗冷冷的闭门羹。

在别处，地方官员一听"梁大将军使者"的名头，无不赶紧迎出三十里，满脸赔笑、低声下气，走的时候连给带送，这一趟美差下来，半年的开销都有了。可使者做梦也想不到，这种靠刷脸横行天下的方式，到了乐安，根本不好使。领导交办的任务完不成，没法回去复命，使者一时又急又怒。看来靠耍大牌是没戏了，于是急中生智，玩了个移花接木的把戏，向门卫递上另外一张名片，冒充别人来求见陈蕃。

按照他的想法，就算陈蕃再棒槌，等见到他，怎么着也得

给大将军面子吧。但他看错陈蕃了——陈蕃不是棒槌,而是超级大棒槌!见到使者,陈蕃发现自己原来被这狗奴才耍了,勃然大怒,命令手下将其拿住,居然一通鞭子,给活活打死了!

说实话,使者虽然比较下作,但罪不当诛。不过,谁让你是梁冀这祸国殃民大奸贼的走狗呢!

当然,陈蕃也为此付出了代价,被从厅级干部降职为处级干部,贬到了武令县做县长。不过,陈蕃绝不会后悔,贬谪不仅不是污点,反而是他疾恶如仇、无惧强权的勋章。

3

如果说陈蕃是一点就炸的火药桶,延笃就是绵里藏针的软猬甲。二人性格上的不同,在对待梁冀门客的态度上可见一斑。

有一年,汉桓帝的儿子生了重病,皇帝命令各郡县购买珍贵药材进献大内。梁冀作为出类拔萃的大奸臣,对于敛财有着异常敏感的嗅觉,怎能错过这个难得的顺风车机会。于是派遣门客带着他的介绍信跑到各郡县,要求在皇室药品采购清单之外,同时大量购买其他药材,这些"政府集中采购"之外的药材,自然就入了梁冀的府库。其中一个门客被派到了长安,长安分配到的配购药材是牛黄。

此时的长安市长(京兆尹)就是延笃。听说梁冀的门客求见,延笃没有像陈蕃一样将其拒之门外,而是客客气气地请进府中。

一番寒暄之后,门客拿出梁冀的介绍信,说明了来意。哪知延笃看完信后,立马玩起了川剧变脸,厉声命令将门客逮捕，冷冰冰地说：大将军是皇亲国戚，皇子有病，必然会焦急万分进献药方，怎么可能有闲心派人跑到千里之外打秋风！潜台词不言而喻：你就是个招摇撞骗的骗子！一声令下，门客被斩首示众。

延笃这招太极柔中带刚，看起来，没有陈蕃那种少林铜砂掌般勇猛刚烈，却在轻描淡写间巧妙一击，在克敌制胜同时，不留一点破绽把柄，不仅给了梁冀一个烧鸡大窝脖，而且还让他哑巴吃黄连，好一个闷亏。

当然，梁冀也不是吃素的，他吃了闷棍，自然也要还回去一记闷棍。不久，在梁冀的授意下，延笃被以身体不好不能履职为由，免去了职务。

相比陈蕃、延笃，吴树挑战梁冀的后果就严重多了。

4

由于梁冀当时的地位仅次于皇帝，因此官场中就有了一条不成文的规矩，凡是提拔或者交流的干部，都要先到梁冀家提交一封感谢信，然后才能到组织部领调令。下邳（今江苏睢宁）人吴树被任命为宛县（今河南南阳宛城区）县长，按照规矩，也到大将军府向梁冀辞行。

梁冀本不会把一个小小的处级干部放在眼里，但今天对吴树却格外亲热，拐弯抹角地说了一堆话。吴树虽然叫"没数"，心里其实有数得很，早就看穿了梁冀的花花肠子。原来，吴树赴任的宛县，是梁冀走狗们的一个大本营，梁冀含蓄地表达了希望吴县长对这些狗娃们多多照顾的意思。

吴树不会陈蕃暴烈的铜砂掌，也不打延笃四两拨千斤的太极拳，他玩的是胸口碎大石的硬气功。你梁冀拐弯抹角，我偏与你开门见山；你梁冀跟我讲私人感情，我就教教你党性原则。于是，吴树严肃地给梁冀上了一堂"党课"：小人奸蠹，比屋可诛。明将军处上将之位，宜崇贤善以补朝阙。自侍坐以来，未闻称一长者，而多托非人，诚非改闻！

吴树说了四层意思：一是讲道理。为害乡里的坏蛋人人得而诛之。二是明是非。为国家选贤任能是你一个高级领导干部应该干的事。三是摆事实。可自打坐下来，就没听你说起一个为人民服务的好干部，反而都是让我照顾那些鱼肉乡民的地痞流氓。四是表态度。这事爷才不干！

这话说得义正词严，每个字都像一记记泰森的重拳，结结实实打在梁冀的脸上，梁冀那么跋扈的一个人，竟然被打得一点脾气也没有，"默然不悦"，噎得一句话说不出，只能呼哧呼哧生闷气。

俗话说：强龙难压地头蛇。但宛县的那些地头蛇却被吴树这个文弱书生暴风雨般的重拳打得毫无还手之力。吴树上任没多久，就以雷霆手段荡平了宛县的黑社会，梁冀的走狗们自然无一幸免。

陈蕃和延笃只是各打了梁冀的一条走狗，就丢了官职，而这次吴树显然是玩大了，一下打死了数十条走狗，梁冀岂能善罢甘休。

不过，吴树没有因此罢官，反而很快遭到提拔重用，被任命为荆州刺史。当然，这只不过是梁冀给吴树打的一剂麻醉针。

吴树的招数岳峙渊渟、堂堂正正、磊落光明，唯独缺乏对暗箭伤人、笑里藏刀的防范。

吴树照例到梁冀家辞行,这次梁冀不但向他陪笑,而且还陪酒——只是,这酒里放了佐料。吴树出了大将军府,在车上就毒发身亡了。

也许,有人会说,为了几条走狗,丢官罢职,甚至失了身家性命,似乎不值得。但"打狗小虎队"的陈蕃、延笃和吴树一定不这么认为。有些事也许看起来很傻,但总要有人去做。做了,傻的是一个人;不做,傻了的就是千千万万人了。

主演之三: 打虎FTboys

1

走狗打残了,羽翼翦除了,苍蝇拍死了,轮也该轮到猎杀"大老虎"了。

其实,"打虎行动"一直在进行,大名鼎鼎的李固、杜乔"李杜二人组"就是一面旗帜。但更多的无名英雄并不为人熟知,他们微弱的力量,虽然很难伤及大老虎梁冀的筋骨,甚至还可能反遭吞噬,但"虽千万人吾往矣"的气势,却鼓舞了更多人投入到打虎行动之中。这里,只谈谈三个人的事迹。

打虎的英文为"fight the tiger",借用"TFboys"的名头,我们不妨简称他们为"打虎FTboys"男团。男团由三人组成,他们打虎的方式各不相同,效果也大相径庭,唯一相同的就是那种"明知山有虎,偏向虎山行"的勇者气质。

袁著是其中最年轻的一个,当时只有十九岁,在朝中担任郎中。可能也正因为年轻,所以对斗争的严峻性估计得不够充

分,他打虎的方式显得很天真,采取的竟然是"文打式"——公开上书皇帝,恳请给"大老虎"拔牙剪指甲!

奏章主要说了两层意思:首先是警告梁冀,"夫四时之运,功成则退,高爵厚宠,鲜不致灾",你要懂得盛极而衰、物极必反的道理,你要明白急流勇退、适可而止的好处,说白了就是让梁冀赶紧麻利滚蛋,别等着挨收拾。其次是告诫皇帝,"'木实繁者披枝害心。'若不抑损盛权,将无以全其身矣!"尾大容易不掉,太阿不能倒持,喧宾岂可夺主,如果皇帝你把老虎当宠物养,最后必然会两败俱伤。

就道理来说,袁著的观点可谓一针见血,后来的事情发展的后果也证明了他的预言非常精准。

可问题是,你这种明摆着给两边出主意的做法,太光明正大了,就如同给拳击比赛的双方当教练,对泰森说:后退、防守;紧接着扭脸就对霍利菲尔德说:进攻、狠揍他!你这么做,考虑过泰森的感受吗?你就不能偷偷地分别给双方提建议吗?

不是所有事都可以摆在桌面上来说的。光明磊落是做人的美德,不着痕迹是做事的艺术。在这方面,袁著实在是很傻很天真,赤裸裸地与虎谋皮,自然会让很黑很暴力的"大老虎"很不爽很生气,后果也必然很严重。梁冀于是派人去秘密逮捕袁著。袁著这时也明白了事情的严重性,急中生智使了一招"金蝉脱壳"——他假装染病身亡,让家人用蒲草扎成尸体样子,装棺入殓,大办丧事,自己则改名换姓,躲了起来。不过,他的小把戏骗不过梁冀这只老狐狸,梁冀依然继续追捕,很快就捉到了这个小鲜肉。最后,袁著被活活鞭笞而死。

与袁著相比，太史令陈授就显得老练多了，他的方式是"天打式"。

2

所谓"天打式"就是借助老天爷的手来收拾梁冀。我们都知道，古时太史令不仅主管记史，而且还具有掌管天文历法、祭祀等职能。虽然秦汉以来，太史令已经渐渐沦为低级官员，但陈授位卑未敢忘忧国，早已对梁冀这只祸国殃民的恶虎深恶痛绝，一直暗暗寻找打虎的时机。他也明白，仅凭自己的力量，根本无法完成这个不可能完成的任务，但"人在做，天在看"，老子干不过你，老天还干不过你吗？

陈授有这种想法不是天真。自古以来，人们就把天象与国家政事联系在一起，风调雨顺、日月星辰正常轮转，就证明国家君正臣清；相反，天灾频发，天象异常，就意味着君昏臣暗，国将不国。陈授作为掌管天文历法的太史公，观天象、判吉凶，正是其本职所在。

在陈授看来，这，就是他的机会。

公元158年农历五月，突然发生了日食。这在当时人看来，实乃百分百的凶兆。不过，陈授却对这一天期盼了很久。

陈授马上迫不及待地通过宫里的小太监，向皇帝呈上一封奏章，矛头直指梁冀，称：日食之变咎在大将军冀。天象异常这个天大的"屎盆子"，被狠狠地扣在梁冀的头上——还别说，虽然从本质上讲，这确实是诬陷"老虎"，但屎的颜色与虎毛那么一致，"屎盆子"与老虎的搭配看起来竟然毫无违和感。

陈授这一招算得上"准、狠"，却还是不够"稳"。他低估

了梁冀的力量，以为"天"可以压死这恶虎，但没料到，梁冀此时还是可以只手遮天的。

当陈授还在盼望圣上杀伐决断，及早传来诛杀梁冀的喜讯时，没料到梁冀的屠刀已先向他砍下。

情报网异常严密的梁冀很快知道了奏章的内容，立即命令爪牙逮捕了陈授。一番严刑拷打之后，陈授瘐死狱中。

袁著太过天真，陈授不够沉稳，可在张陵面前，他们就显得很老成了。

3

张陵是一个猛人。

猛到什么程度？猛到敢于面对面与梁冀短兵相接，他打虎的方式就是"武打式"。

那是公元151年的事了。这一年的正月初一，朝中上下张灯结彩，文武百官均盛装上殿给汉桓帝拜年，金殿上一派春节的祥和氛围。

尚书张陵也在百官之列，但他脸上全无笑意，神情肃穆。

他在等一个人。他知道，这个人一定会像往常一样，最后才大摇大摆地上殿拜谒，因为不这样无以显其尊贵特殊。

果然，等百官都到齐了，大将军梁冀这才右手按住腰间悬挂的宝剑剑柄，倨傲地昂首入内。百官纷纷向他谄媚行礼，他却眼睛上翻，只鼻中轻哼着，算是回应。

突然，一声霹雳般的大喝在殿内炸响，"梁冀！你这逆贼！竟敢带剑上朝，藐视圣上，大逆不道，你可知罪！还不退出！虎贲、羽林卫士，快快夺下逆贼兵器，保护圣上！"

怒喝之人正是张陵。他这怒喝不仅吓呆了百官，更吓傻了不可一世的梁冀。

古时臣子朝见皇帝，规矩繁多，例如不得大步行走，只能小步快走，不能直视皇帝，不能穿鞋等等，其中最重要的一项就是不可携带兵器。当时，梁冀虽然已经是一人之下、万人之上，但还没有被正式授权可以穿鞋佩剑上殿朝见皇帝。但你懂的，凭梁冀的跋扈与威势，怎么会将这些规矩放在心上？张陵可能早已注意到梁冀的僭越（其实岂止是张陵自己，百官应该都已注意，但均保持集体沉默），但一直隐忍不发，只为了等到春节大朝时突然发飙，以便达到朝堂上下举座皆惊的效果，让所有人都成为梁冀重罪的目击证人。

霎时间，刚才的一派喜庆立即无影无踪，空气似乎凝固住了，殿内鸦雀无声。

"左右！你们难道没听到吗？快快将梁冀这逆贼的兵刃夺下！"张陵向已经蒙圈了的虎贲、羽林卫士再次发出命令。卫士见张陵正色凛然、义正词严，这才反应过来，赶紧上前缴了梁冀的宝剑。

此时，百官都吓得瞪大双眼张大嘴巴，梁冀也是一脸错愕、面似死灰，本想鼓起斗志再振威风，但心里却虚得像个无底洞，面对张陵的责难，竟然无言以对，只觉得冷汗顺着脊梁直向下淌。直到卫士收缴了他的宝剑，他才惊醒，此时此地，众目睽睽之下，他的确是摊上大事了，罪责实在是逃无可逃、推无可推，为今之计只能是好汉不吃眼前亏，先避避锋芒再说了。

于是，梁冀赶紧退出殿外，扑通一下跪倒在地，装出一副

可怜兮兮的模样向张陵认错讨饶。

面对这只变成病猫的老虎,张陵一点也没有手软,下定决心要痛打落水狗。他随即向皇帝上书,列举数条罪责,弹劾梁冀。

很快,朝廷的处分决定就下来了:罚薪一年。这哪里是在处分啊,简直是在保护,一年的俸禄对于梁冀来说,恐怕连九牛一毛都算不上。看到这样搞笑的决定,猛人张陵也只能是一声叹息。他也明白,皇帝刚刚继位不久,根基不牢,加之梁冀对其有拥立之功,恩宠正盛,自己虽然刀刀刺其要害,但奈何有防弹衣护身,又如之奈何啊!

也许,对于强大的梁冀来说,袁著、陈授、张陵以及陈蕃、延笃、吴树,都太过于渺小微弱,他们与梁冀的斗争,怎么看都像是蚍蜉撼大树。人们往往把"蚍蜉撼大树"看作是一种不自量力的可笑行径,但如果这些蚂蚁像愚公移山一样,坚持不懈地一直撼下去呢?如果几只蚂蚁的执着能够感染更多的蚂蚁一起撼动呢?要知道白蚁虽弱,却可毁屋溃坝,行军蚁虽小,也可吞噬人兽。他们的每一滴血,都汇聚成溺死梁冀的海啸。他们把每一声怒喝,都谱写成老虎最终毁灭的丧曲。他们以自己的坚持与鼓动,逐渐唤醒了百官臣僚麻木的神经,震撼了皇帝软弱的心。《资治通鉴》就记载,梁冀害死陈授后,"帝由是怒冀。"这恐怕也是为梁冀最终被诛杀埋下一个伏笔。

伍

阅人需慧眼　处事要兰心

——古代无名小女子的远见与卓识

「小人物的大历史」

从某种意思上说,中国历史看起来就是一部雄性激素分泌过剩的发泄史。

在这部以男性视角来编剧导演的长篇肥皂剧中,主角基本都是公的,情节基本都是腥的,胜者基本都是狠的,成事基本都玩阴的。放眼望去,在这场男人的大戏里面,有王侯将相的雄才大略、纵横捭阖,也有草莽英雄的攻城略地、叱咤风云;有功臣义士的兔死狗烹、千古悲歌,也有昏君奸佞的自毁长城、指鹿为马;有谋士说客的运筹帷幄、机关算尽,也有跳梁小丑的明枪暗箭、投机钻营……高的矮的胖的瘦的黑的白的丑的俊的好的坏的,反正聚光灯照到的,浓墨重彩穷嘚瑟的,差不多都是这些雄性动物。

那么,女子呢?

作为绝对的配角、甚至龙套,女子们的身影往往被淹没在历史舞台的黑暗角落里。很多次,她们挣扎着想走到舞台中央,成为光彩夺目的主角,却几乎都被重新踹回黑影里,无可奈何地来衬托男人们的高大上、伟光正,成为人家建功立业的垫脚石、擦脚布。男人成功时,她们是战利品、陪衬品;失败时,她们是殉葬品、牺牲品。

看起来,她们简直成了多余的人,有她们不多,没她们不少,所以,男人们几乎不怎么把女子放在心上。《三国演义》中,刘备说:"古人云:'兄弟如手足,妻子如衣服。衣服破,尚可缝;手足断,安可续?'"当然,这话在正史上找不到,但刘皇叔却是这话的忠实践行者。每当大难来临之际,这老兄首先抛弃的就是妻子。

还有春秋时的百里奚。起初百里奚穷困潦倒,日子实在混不下去了，只好外出逃荒兼打工。临行时，妻子把家里唯一的老母鸡杀了，劈了门闩给他煮鸡汤饯行。后来，百里奚屌丝逆袭，被秦穆公拜为大夫。草鸡变凤凰，他没忘记老朋友蹇叔，却把患难的结发妻子忘了个干干净净。东汉应劭的《风俗通》里记载：百里奚在秦国的小日子过得很滋润，有一天开音乐party，家里一个洗衣老妇毛遂自荐，自弹自唱一首原创歌曲。百里奚一听，歌词很平实，内容很熟悉，竟是当年背井离乡前老婆为自己杀鸡熬汤的情节，于是下堂相见，正是老妻。说起来，老妻还算走运，百里奚不是陈世美，也算是认了媳妇。不过，百里奚并未受到一丁点舆论谴责。相反，妻子几十年凄凄惨惨的活寡，换来的却是所谓老公不忘糟糠的"佳话"。换句话说就是：扔垃圾属正常，捡垃圾是美德。

　　更让女士们气不过的是，就算再怎么含辛茹苦、强作欢颜、忍辱负重、委曲求全，仍然被男人蔑视和小看——甭管表面上对女士是如何尊重、讨好，甚至谄媚，都无法掩饰那种发自潜意识的、骨子里的傲慢与自大。孔夫子就有名言：唯女子与小人为难养也，近之则不孙，远之则怨。虽然有人辩称这里的"女子"不是指所有的女人，但女人地位的低下绝不因为这句辩词而高起来。直到近现代，沿海地带仍有带女人上船出海触霉头的禁忌。

　　而过去的"头发长见识短"，以及现在的"胸大无脑"，则是充满对女人赤裸裸的性别歧视。在父系社会里，女子是天然的弱势加弱智，"女子无才便是德"，一句"老娘们儿懂个屁！"道出了糙老爷们无尽的性别优越感，也一厢情愿地把女人们绑在了历史和传统的白痴柱上。

然而,事实果真如此吗?武则天、孝庄太后、萧太后、李清照、卓文君等著名的女强人和女才子自不必说,就算那些被历史风尘湮没的无名女子们,也有力地证明了:头发长,见识未必短!尽管她们的戏份被历代"导演""编剧"大量恶意删减、压缩,甚至篡改,但只要偶尔灯光扫到,哪怕只是烟花绽放的一刹那,那惊鸿一瞥,也足以惊艳历史的舞台,其睿智、聪慧的光彩甚至让那些所谓的"主角"黯然失色。

那么,就让我们拂去历史的尘灰,去探寻一下那些无名小女子们的精彩瞬间吧!

齐姜

温柔乡里的小弹弓

1

俗话说：英雄难过美人关。这个铁律，基本上没法打破，即使是春秋五霸之一的晋文公重耳。

说起来，重耳这个人命运多舛，地地道道的大器晚成。

重耳二十一岁时，他的老爸晋献公才刚刚接班成为晋国的大哥大。晋献公二十一年，发生了骊姬之乱。献公的小老婆骊姬为了能让自己的儿子成为晋国未来的君主，谋划了一盘很大的棋，搞死了法定继承人太子申生。第二年，重耳也被迫流亡他国，那一年，重耳已经四十三岁了。

从此，公子重耳变成盲流，颠沛流离，饥一顿饱一顿，像丧家犬一样到处流窜，饱尝心酸，受尽白眼。

公元前645年，重耳和他的几个铁杆粉，跑到当时的超级

大国齐国，企图通过这个"世界警察"帮助自己咸鱼翻身。此时，齐国的大老板，正是春秋五霸之首的齐桓公姜小白。

这个时候，姜小白正迎着夕阳的余晖，即将走到生命的尽头。小白的老眼虽然昏花，却还是敏锐地感觉出，这个落魄的、五十几岁的晋国老公子，内心深处潜伏着的强大气场和过人胆略。这个人绝非池中之物，此时不过是虎落平阳，一旦风云际会，必然是金鳞化龙，大有可为。

作为"世界警察"，齐国自然不想给自己的霸主椅子底下留下这么一颗"超级恐龙蛋"。那么，不如趁现在这个机会干掉他？不行，人家来这政治避难，要是不明不白死在这里，国际影响太坏了，况且，这也不是霸主干的事呀。那么，赶他走，让他在恶劣的国际环境中被风吹雨打摧残至死？也不行，对于这种人，苦难的磨砺只能会令他更加坚韧成熟。那该怎么处理这枚"超级恐龙蛋"呢？

思来想去，齐桓公这老油条终于有了办法。

只见齐桓公推出一尊大炮，对准重耳就开了火——当然，发射出去的不是战斧导弹，而是糖衣肉弹。

这枚"糖衣肉弹"，就是齐姜——齐国宗室的女儿。

2

齐国出美女，这事地球人都知道。之前的什么庄姜、宣姜、文姜、哀姜……这一大堆"姜"，个个美艳绝伦，更重要的是，个个都不是省油的灯。从遗传的角度看，齐姜要不是美女，除非基因突变。

当然，齐桓公用以击垮重耳雄心壮志的，不仅仅是齐姜一

伍　阅人需慧眼　处事要兰心

枚"糖衣肉弹",而是全方位的集群式打击——《史记》上说:(重耳)至齐,齐桓公厚礼,而以宗女妻之,有马二十乘,重耳安之。四匹马为一乘,二十乘就是八十匹马,这在当时是非常丰厚的重礼。至于什么金银珠玉、佳肴美馔更是不在话下。怀拥娇妻,下胯骏马,筚路蓝缕大半辈子的重耳,终于过上了天堂般的生活。同时,这大剂量的"迷魂汤"更是把他灌得伸不开腿、迈不开步、骨酥筋麻、斗志全消。就这样声色犬马地过了五年,眼看这颗"超级恐龙蛋"就要胎死蛋中了。

当局者迷,旁观者清。重耳深陷温柔乡中难以自拔,可急坏了跟随他的赵衰、子犯等几个铁杆粉丝。

这个时候,齐国的形势也发生了变化。重耳到齐国的第二年,一代英主齐桓公死了,齐国发生内乱,国力和声势已大不如前,再指望这个掉了毛的凤凰帮重耳成就大事,基本不可能了。于是,赵衰、子犯多次劝说重耳不要把时间浪费在齐国,赶紧出走寻找下一个靠山。可是,"重耳爱齐女,毋去心"(《史记》)。芙蓉帐暖,春宵苦短,重耳说啥也不肯受二茬罪了。

赵衰、子犯知道再这样沉沦下去,重耳就算废了。人家冒着生命危险,不辞辛苦、殚精竭虑地辅佐重耳,图什么呢?还不是看准重耳是一支"潜力股"吗?眼看"潜力股"就要变成"垃圾股",赵衰他们再也坐不住了。

于是,赵衰、子犯商量如何把重耳从温柔乡中拖出来。事关机密,他们怕隔墙有耳,便跑到野外,在一棵大桑树下密谋。岂料,防得了隔墙之耳,却防不了树上的"窃听器"——此时恰好一个小女孩在树上采桑叶,他们的计划被听了个一字

不落!

无巧不成书,这个小女孩不是旁人,正是齐姜的贴身小丫鬟。小丫鬟一听,好家伙,驸马爷打算叛逃出国!这还了得!等赵衰他们走后,赶紧从树上下来,撒丫子跑去向主子报告。

然而,小丫鬟的忠心不但没换来奖赏,反而招来杀身之祸。

3

齐姜不同于一般的小女子,虽然她也很享受与夫君的耳鬓厮磨、卿卿我我,但她更明白,重耳是一条龙,只有翻腾在浩瀚的大海上,才能够行云布雨,一展雄姿;如果舍不得他走,终生困在她这个小池塘中,久而久之,龙也会退化成小泥鳅,无鳞无爪,庸碌一生。

听了小丫鬟的密报,齐姜没动声色,告诉丫鬟不要声张——其实,她也再没机会声张,可怜的丫鬟在地球上从此"失踪"。而历史上,像这个小丫鬟一样死得不明不白、窝窝囊囊的小人物,何止万千?

齐姜见重耳,开门见山说道:大丈夫志在四方,切不可让儿女情长拖了后腿。你不必担心,听到你们要出走消息的人已经被我解决掉了。

重耳一听就急了:谁说我要走了?三亩地、一头牛、老婆孩子热炕头,这小日子多滋润啊,我可不打算再出去瞎折腾了,就想在媳妇你怀里终老一生了!

齐姜一听,这哪行啊!赶紧又苦口婆心地给重耳做思想政治工作,什么国家需要你啦,粉丝们不能辜负啦,大丈夫不能娘娘腔啦，拉拉杂杂一大堆，其实翻译成东北话就很简单了：是纯爷们不？是就得有点尿性，别磨磨叽叽的，麻利给老娘滚犊子闯天下去，别整天猫家里五迷三道的，光屁股推磨——一圈一圈丢人，看着就闹心！

齐姜说得口干舌燥，重耳听得头晕眼花，可这思想政治工作愣是没做下来。由此可见，齐桓公给重耳下的这剂药多狠，齐桓公都死三年了，重耳连一丁点清醒的意思还没有呢！

既然冷水泼头不行，就只有当头棒喝了。此时，齐姜显示出过人的智慧和果敢。她偷偷找来赵衰、子犯等人，直截了当，亮明观点，摆明立场——她决定要变身"愤怒的小鸟"中的弹弓，把重耳这枚"超级恐龙蛋"弹射到广阔天地中，自由翱翔。用现在的话说就是：我用我的深深眷恋，成全你的碧海蓝天。

4

计议罢了，立即实施。第二天，齐姜就准备好美酒佳肴，与重耳把酒言欢。

这场欢宴，在重耳看来，也许再普通不过。而对齐姜，则是离愁满杯，强颜欢笑，欲说还休。

很快，重耳醉倒了。这个老男人以为自己辛劳半生，如今有翠袖传觞，金貂换酒，人生之乐不过尔尔，就在这无为之地了却残生又能如何？

然而，当重耳醒来时，感觉自己身体颠簸不止。爬起来一看，竟然身处奔驰的马车之中，看景物，已是远离齐国温柔乡！

重耳毕竟不是庸人,先是大感,后是大怒,不用赵衰他们解释,即已明白。此时的重耳,已由恐龙蛋变成了愤怒的小鸟。

只见他跳下马车,抄起车上的一支铜戈,朝着子犯就扑过来。

子犯虽是重耳的舅舅,但终归还是君臣关系。再说,外甥虽然知道大家是为他好,但刚才还是酒池肉林,眼一闭一睁的工夫,就变成了荒山野岭,搁谁也接受不了这么大的心理落差,怎么也得发泄一番。此时不朝他这个舅舅发泄,又能朝谁发泄呢?

但面对这样一个气急败坏的外甥,还是不吃眼前亏为好。于是,子犯绕着马车躲避重耳,边跑边说:假如杀死我,就能成就你的伟业,我倒乐意得很!重耳骂道:我要是成功不了,就一定要吃舅舅你的肉!子犯嘻嘻哈哈答道:我子犯的肉又腥又骚,你不会喜欢吃的!一番插科打诨,重耳也无可奈何。既然已经断了温柔乡的归路,那只好朝着未知的险途前行。

有些人就是这样,成就的那些所谓大事,并非全都出于自己所愿。崇高的目标、集团的利益、亲人的期盼,一起绑架着他不得不"雄心壮志"起来。时势可以造英雄,但赶鸭子上架,也能赶出英雄来。

而那支把他弹射去的"弹弓"——齐姜,此时的心头一定萦绕着这样一支歌曲:

把我的悲伤留给自己,你的美丽让你带走,从此以后,我再没有快乐起来的理由;把我的悲伤留给自己,你的美丽让你带走,我想我可以忍住悲伤,可不可以你也会想起我……

伍 阅人需慧眼 处事要兰心

至于齐姜的归宿，只是在《列女传》中记载，重耳后来"迎齐姜以为夫人"。而在作为正史的《左传》和《史记》中，对放走重耳之后，齐姜如何敷衍拖延齐国；重耳归晋后，如何迎回齐姜，再无只言片语，犹如一颗耀眼的流星，齐姜就这样在划破天际之后，归于沉寂。

只是，不知道几年后终成一代霸主的重耳，再回首这段"荒唐"往事时，内心深处，是高兴，还是失落。

僖负羁妻

生不逢时的战略家

1

话说齐姜和赵衰、子犯用计将重耳骗出温柔乡之后,一行人失魂落魄地来到曹国。

曹国的地盘大概就在今天山东定陶附近,当时的君主是曹共公。

曹共公这仨字说着挺拗口,如果让《武林外传》里的佟湘玉用陕西方言说出来,一准儿会是"曹公公"。额滴神啊,不知道的还以为明朝的大太监穿越回两千多年前了呢。

"曹公公"虽然不是太监,却像太监一样,有着变态的恶趣味。

重耳和曹共公都是姬姓。重耳以为,血浓于水,打断骨头还连着筋,自己落难之时本家兄弟怎么着儿也会拉扯一把吧。

伍 阅人需慧眼　处事要兰心

别的帮不上，至少可以虚情假意招待一番吧。这个时候的重耳，真是不敢有过多奢望，人家嘘嘘寒、问问暖，炒仨鸡蛋烙两张饼，温一壶小酒，就足以让他感激地冒鼻涕泡。

可惜的是，这个曹共公既没有齐桓公的眼光，也没有同宗同姓的感情。听说晋国的破落户重耳一路乞讨到自己家门口，心想：地主家也没有余粮啊！本打算开门放狗，能轰多远算多远。可突然他想起了什么：等等，这个重耳是不是就是那个传说中的异人？于是改变主意，下令留客。

宫里搞接待的那帮家伙历来都猴精得很，主子放个屁，他们用那"高科技"的鼻子一闻，立即能检验出分子结构，进而分析出主子中午吃的啥饭、喝的啥酒。在接待客人这个问题上，根本不用主子明确指示，主子一个暧昧的眼神，一句模棱两可的话，他们马上心领神会，知道客人是什么层次、要以什么档次接待。

对重耳这碟"菜"，他们是这么"拌"的——为了让您充分感受我们曹国的民俗特色，特地为您准备了我们这里的传统名吃：煎饼卷大葱！"煎饼卷葱蘸大酱，撑得您肚圆爬不上炕"，煎饼每人三张，大葱随便吃；同时为防止饮酒伤身，为您不限量供应富含钙铁锌硒维生素的甘甜矿泉水；为表示尊敬，特别安排您入住我国最高档的准两星级大车店，并在客房紧张的情况下，为您挤出一个带卫生间的豪华标准间，祝您在曹国开心愉快！

您想重耳能开心愉快吗？但没办法，人在屋檐下，怎能不低头。一路奔波，早就饿得俩眼冒绿光了，煎饼就煎饼吧，大车店就大车店吧，至少可以不露宿街头喝西北风啊。

一顿狼吞虎咽,好歹混个肚圆——吃不够、大葱凑嘛。辣是辣了点,不过也有好处,一打嗝,苍蝇蚊子都不敢近身了。

2

吃饱了喝足了,重耳想洗洗澡、解解乏。难得还带卫生间,虽然简陋得仅有一层薄帐相隔,但聊胜于无。也顾不得许多,宽衣解带,开始"洗刷刷,洗刷刷"。

洗着洗着,重耳觉得后脊梁凉气直冒。猛回头,只见帷帐后面人影隐约,破损的窟窿里一只色迷迷的眼睛正不怀好意地在他身上扫来扫去。

重耳吓得一激灵,浑身的汗毛刷地都竖起来了,不由惊叫一声。大半夜听起来令人毛骨悚然,倒把那位偷窥者吓得差点坐地上。

赵衰和子犯听了赶紧跑来,一看场面太囧了:只见重耳赤条条站在大木桶里,左手捂上,右手遮下,瑟瑟发抖;对面两个小太监模样的人扶着一个衣着鲜亮的猥琐男,手里揪着慌乱中被扯下来的那片帷帐,一脸尴尬,眼睛却还是贼不溜秋地直瞄重耳的裸体。

"哥们儿你谁呀,这是要闹哪出啊?知不知道我们可以告你性骚扰啊!"赵衰怒火中烧,气呼呼地问。

"这个……这个……"猥琐男结结巴巴说不出话来。

"休得无礼!这是我们曹国君主,屈驾探访贵国公子!"旁边的小太监赶紧解围。

这啥君主啊!猥琐的脸掩饰不住变态的心。天生属黄瓜的,欠拍!后天属核桃的,欠捶!终生属破摩托的,欠踹!重

伍 阅人需慧眼 处事要兰心

耳和赵衰他们这个气啊,明摆着这孙子是不怀好意,但寄人篱下,哪有资格跟人家叫板啊,只能暂且忍下这口恶气。

送走猥琐男曹共公,重耳穿好衣服正坐那儿生闷气呢,有人来报,说曹国大夫僖负羁来访。重耳一听,心想真把我当人体模特了?一拨又一拨的没完没了啊!本想闭门不见,但转念一想,唉,忍忍吧,等秋后再算账。

哪知一见面,才知道僖负羁不是来欣赏人体艺术的。对于重耳,僖负羁不仅非常谦卑有礼,还献上一盘非常丰盛的饭菜——当然,其中没有煎饼卷大葱哦——并在碗底放了一块非常贵重的玉璧。

锦上添花易,雪中送炭难。重耳非常感动,留下饭菜,谢绝了玉璧,心想看来曹国不全是王八羔子猥琐男啊,这僖负羁真是出淤泥而不染的贤臣啊!以后必定要涌泉相报!

其实,重耳哪里知道,僖负羁之所以如此善待他这个高级盲流,全因僖负羁背后的神秘女子。

3

家有贤妻是一宝,僖负羁就很幸运地得到了这一宝。

重耳初到曹国,僖负羁见曹共公让重耳住大车店、吃煎饼卷大葱,觉得有点过分,便劝曹共公,说好歹这小子也是晋国贵族,又是同姓,这么招待面子上有点过不去吧。曹共公不屑一顾:这年头,骗吃骗喝的流亡公子那么多,都当爷一样伺候着,他们都赖我这儿不走可咋整!我这儿又不是收容所,没义务搞慈善事业,臭要饭的给点儿吃的就不错了,再挑三拣四就是不知好歹了。再说,要不是听说这重耳长着一副"骈肋"引起爷的兴趣,爷早把丫轰走了。爷主要想看看这传说中的骈肋究竟啥模样。老僖,今儿晚也跟爷我一块去开开眼?

所谓"骈肋",就是说肋骨长成一整片,别人的肋扇像搓衣板,而"骈肋"却像切菜板。这当然是以讹传讹,如果肋扇真长成切菜板,此人必是生活难以自理的残疾人,怎么可能成为一代霸主?

僖负羁没这种"雅好"。回到家,跟妻子聊天提起这事。妻子听了大吃一惊,"哎呀不好,当家的,咱曹国闯大祸了!"

"何以见得?重耳虽是晋国公子,但都土埋半截了,这岁数应该不会有啥作为了吧。"

"我看你们都是有眼不识金镶玉。之前我就听说过重耳这些人的故事,今天恰好在大街上看到他们。依我看,这些人器宇轩昂,气度不凡,虽然衣衫褴褛,满面风尘,但眼角眉梢蕴藏着的英雄之气无法掩藏。不用说是那重耳,就算他身边的几个跟班,咱曹国恐怕就无一人能及,随便一个都有经天纬地之才。晋国迟早会在他们掌握之中,到那时,人家必然会因今日之辱而讨伐我们,曹国必然会灭亡。覆巢之下无完卵,我们能逃得掉吗?"

一番话说得僖负羁冷汗直冒,一时没了主意。

妻子见状连忙安慰:当家的,不必担心。我们不是没有转圜余地。重耳是支"潜力股",眼下虽然跌停,却正是抄底的良机。我们的当务之急是赶紧加持补仓!

僖负羁最大的缺点是怕老婆,最大的优点也是怕老婆。听完之后一拍大腿:老婆圣明!于是,连夜端着美食玉璧跑到重耳那里抄底补仓去了。

伍 阅人需慧眼　处事要兰心

后来的事实证明，僖夫人的眼光绝对具有前瞻性，分析绝对具有逻辑性，决策绝对具有战略性。几年之后，重耳入主晋国，曹国头一个挨收拾，很快亡了国，猥琐男曹共公成了阶下囚。因偷窥洗澡而亡国，历史上恐怕独此一家、别无分店吧。

当然，重耳也没忘记僖负羁的恩惠，命令晋军不准动僖负羁家一针一线。

本来，僖负羁是可以凭着提前加持的这支涨停潜力股，逃脱破产厄运的。岂料晋军里两个家伙竟然违反重耳命令，害死了僖负羁。当然，这种不可预知的意外事件，仍然无法掩盖僖夫人洞若观火的先知先觉。

绝大多数人都有赞美白天鹅的热情，却缺少欣赏丑小鸭的眼光。当重耳还是一只丑小鸭——准确地说，是一只即便做成北京烤鸭，都能砸了全聚德招牌的丑老鸭时，其实正是最考验眼光与远见的时候。在曹共公、卫文公、郑文公这些不入流的小国君主眼里，重耳这只丑老鸭，不仅毫无利用价值，甚至可以像小丑一样随意戏耍凌辱。但齐桓公、秦穆公、宋襄公，这些雄才大略的霸主豪杰，却能够透过丑老鸭落魄的外表看出其白天鹅的潜质。如果说他们的识人辨才之能，是因为与重耳气味相投、英雄相惜，那么，僖夫人一个普通的小女子也能见微知著，用战略的思维来考虑投入与产出，是不是就意味着，至少在这一方面，她具备着霸主一样的眼光与胸襟？

只可惜，僖夫人生不逢时，假如生在现代，风云际会，保不住就是一个中国版的撒切尔夫人吧。

晏婴车夫妻

励志毒舌姐

话说春秋时期的齐国，有一个大领导，名叫晏婴，是齐国的相国，相当于现在的国务院总理。晏婴官大，但个子小，长得其貌不扬。不过，晏婴的司机——那时候称作车夫——却高高大大，是个"长腿欧巴"（欧巴，韩语，哥哥的意思），看上去倍儿精神。

能够给位极人臣的晏婴当司机，"长腿欧巴"从心底透着那么一股自豪感。俗话说，人逢喜事精神爽。这人一得意，就难免忘形。"长腿欧巴"有一个老婆，不是个省油的灯。两人虽然很恩爱，但老婆总嫌"长腿欧巴"胸无大志没本事，难免对老公冷嘲热讽，搞得"长腿欧巴"在老婆面前一直没底气，很没面子。

恰好有一次，晏子要下基层调研，需要从"长腿欧巴"家门前经过。"长腿欧巴"心想：鼓不敲不响，不整出点动静来，

伍 阅人需慧眼　处事要兰心

你这傻老娘们就体会不出老公我这口锅是铁打的！看不见咱的威风，你就不知道咱是不是24K金纯爷们！打定主意之后，头一天晚上，"长腿欧巴"就故意漫不经心地告诉老婆：你不早想一睹我们领导真容吗，明儿领导下基层调研，正好要从咱门口经过。

晏婴是"长腿嫂"的偶像，一听偶像要从自己家门口过，"长腿嫂"心情好激动啊，一夜都翻来覆去睡不好，第二天早早就搬个小马扎躲大门后了。

果然，领导车队如期而至，晏婴的专车出现在大门门缝后"长腿嫂"的视野中。只见车华美、马健硕，大排量3.6T，的确气派非凡，特别是坐在车前驾车的"长腿欧巴"，更是神气活现、神采飞扬，那架势不像是在赶车，倒像是在阅兵，如果长着尾巴，肯定是要翘上天的。

"驾！驾！""长腿欧巴"的吆喝声比往日都要响亮几十分贝，一边吆喝，一边偷瞄自家大门，心里暗自得意：傻老娘们儿，这回看傻了吧，没想到你老公我这么威风吧，老虎不发威，你当我是hello kitty呀！哼，以后该你给我打洗脚水了吧！

一整天，"长腿欧巴"的心情是倍爽儿！晚上哼着小曲迈进家门那一刻，他仿佛看到老婆脸上挂着谄媚的笑容，向自己卑躬屈膝说：夫君，请您换鞋。

果真，的确有鞋在迎接他，只不过，这鞋不是老婆双手奉上的，而是横着飞来的，正冲他的腮帮子上。

"干啥啊！知道我是谁不！"挟着早晨的余威，"长腿欧巴"壮着胆子怒吼了一句。

"你？我当然知道，不就是恶心他妈开门——恶心到家了

吗？""长腿嫂"叉着腰，手里拎着另一只鞋，斜着眼睛看捂着腮帮子的"长腿欧巴"。"也甭跟你废话了，明儿咱就去街道办事处办离婚手续去！""长腿嫂"慢悠悠地说。

但"长腿欧巴"听来好似原子弹爆炸，一下就炸傻了。"咋的了这是？没招你没惹你啊，咋发开飙了呢？我哪错了，你告诉我，我改还不成吗？老'离婚''离婚'的，多伤感情啊，是吧娘子？"

"行，态度还可以。那我就跟你明说了吧。""长腿嫂"坐下来，呷了口水，对面前蔫头耷脑的"长腿欧巴"说："说你是贱骨头，看起来真是名不虚传。没错，人家晏子没你长的高，也没你长得帅，但人家的身材是微缩的，心却不是猥琐的，虽然不足一米四，却是咱齐国的CEO，纵横四海、叱咤风云，谁不挑大拇指？你说人家有没有骄傲的资本？可今儿我隔着门缝观察，晏子乍一看居然就像邻居王大爷，特慈祥、特淡定，一点都不张狂，但人家眼神又特睿智、特深沉，显然没把自己的事儿放心上，满脸都是忧国忧民。可你呢，没错，人是很帅的，心却是很衰的——瞧那嘚瑟劲儿，当个司机都牛得找不到北了，要再让你多管点事，那地球还能放得下你？就你这德行，不是恶心到家是什么？就算我脸皮再厚，跟你这号人搭伙过日子，也能臊死。得了，我恶心不起躲得起，明儿咱街道办见！"

刚才还红光满面的"长腿欧巴"被这通雷烟火炮轰得灰头土脸，两米多的大个儿立马矮了半截，"老婆，玩真的呀，我知道错了，改还不成？"

"狗改得了吃屎吗？"

"必需的，老婆，给一次机会吧，我要改不了，你就把我当成丧家狗轰出去，行吗？"

"嗯！这才是我的好老公！我就知道我没看走眼！像晏婴这种站起来就像没站起来的人都站起来了，老公你这样的有为青年还有什么理由坐着啊！""长腿嫂"蹦过去狠狠亲了"长腿欧巴"一口。

这真是一吻定乾坤，从此之后，"长腿欧巴"谨遵妻命，脱胎换骨，始终保持谦逊谨慎、不骄不躁的作风，始终保持艰苦奋斗的作风，从二货青年差点儿进化成"齐国十大杰出青年"。

这么大的变化，晏婴当然很快就觉察出来。追问之下，"长腿欧巴"如实相告，晏婴认为此人从善如流、知错即改，是个不可多得的人才，于是推荐给了齐国国君，提拔他担任大夫。

毒舌就像砒霜，在潘金莲手里，可以杀人灭口；而在神医手中，却能治病救人。这次，屌丝之所以能够成功逆袭，成为励志传奇，"犀利姐"恰到好处的毒舌败火，绝对功不可没。

马太后

跳过历史陷阱的超级马里奥

1

有时候，读史的过程中竟会出现看肥皂剧般的狗血感。当尿点频出，他说上句，你秒接下句，而且闭着眼睛都能猜出后面情节的时候，很可能会自豪地生出"历史不过尔尔，胸中有丘壑，凿石堆山河，看我剧透吐槽，牛嚼瑟"预言家式的优越感来。

比如，若论精明毒辣、看事准确，西汉开国初期的那些糙老爷们，没几个能比得过大汉集团第一任董事长的太太——吕雉女士。她能让流氓皇帝刘邦没脾气，她是玩死战神韩信的死神，她拒绝小三逆袭，快刀斩四肢，把戚夫人削成了"人彘"……然而，就是这样一个目光如炬的铁腕御姐，却把"外戚干政"这个历史脓疮视为桃花，在她的庇荫下，吕氏一族，满门王侯，权倾朝野，极尽奢荣，骄横跋扈。

当读史至此时，作为预言家的你，一定会故作高深地掩卷而叹：眼看他平地起高楼，眼看他楼塌了，好一似食尽鸟投林，落了片白茫茫大地真干净。枉你吕雉精明一生，却怎么看不见水满溢、月盈亏的天道？参不透权力是春药，更是魔鬼的箴言？听不懂"上帝欲让你灭亡必先让你疯狂"的警告？

这样一叹，你还真以为自己是神机妙算的诸葛亮了。可不幸的是，你只不过是事后诸葛亮。

站在时空的云端，鸟瞰历史的大地，哪里是泥沼，哪里是陷阱，哪里是圈套，一目了然。但是，滚落在历史的红尘中，是不是还能看到这些呢？

其实，吕雉这些牛人，要么智商奇高，要么情商爆表，其中利弊，又怎么会不清楚呢？吕雉死前，跟自己的娘家人吕禄、吕产万千叮咛"今吕氏王，大臣弗平。我即崩，帝年少，大臣恐为变。必据兵卫宫，慎毋送丧，毋为人所制。"可怎奈何，吕禄、吕产这些衰人，烂泥扶不上墙，三下五除二就被陈平、周勃这些老狐狸忽悠得交出了兵权，成了人家刀俎之上的鱼肉。

可是，既然吕雉对吕氏一族未来被清算的命运已有所预料，为何不能避过这个历史的陷阱，防患于未然，从一开始就让诸吕远离权力漩涡，教育他们清心寡欲、低调做人、谦恭处事呢？

2

穿越回当时的历史时空里，我想，眼前的陷阱之上，至少

覆盖着四层伪装。

第一层,叫人性的软肋。无论是男人还是女人,无论是流氓还是英雄,无论是农民还是儒生,在人性的最深处,都闪烁着贪婪和虚荣的目光。只要有可能,绝不会停止追求权力、享受富贵的脚步,而且为了得到天下人、特别是家族亲友的拜倒和依附,自然而然地大搞任人唯亲、裙带之风,正如项羽所说:"富贵不归故乡,如衣锦夜行。"

第二层,叫传统的胁迫。中国的文化传统中,有一条就是"一人得道,鸡犬升天"。有钱大家分,有粥大家喝,有光大家沾。至于这钱、这粥、这光是不是自己奋斗所得,无所谓,反正你一朝得势,就不能忘了穷亲戚,不然就叫忘恩负义,就叫白眼狼。简直无耻得理直气壮。所谓众口铄金,他们可以硬生生把你的人情变作你的义务,哪怕那些哭着喊着沾你光的人是你八竿子都打不着、你掉水里都还拿手机拍照直播的"亲戚"。

第三层,叫自我的防卫。高处不胜寒,成就越大,往往对手越多,地位越高,往往敌人越强。为了能有一支对自己忠心耿耿的嫡系人马,必须要用金银或权力来笼络一批人,形成一个一荣俱荣、一损俱损的利益集团。外人难以信任,最佳人选当然是与自己同宗同族、打断骨头连着筋的七大姑八大姨了。

第四层,叫利益集团的平衡。外臣往往能力超强,功劳也超大,因此,很容易尾大不掉,功高盖主。稍稍有点心眼的主子,都晓得一家独大的危险,必须相互制衡才能确保政权的稳固。因此,培植宗族势力,在二者的矛盾冲突中坐收渔利,是权术之道的不二秘诀。

有了这四层伪装覆盖在陷阱之上,即使精明如吕雉者,又

伍 阅人需慧眼 处事要兰心

怎能不义无反顾向前大踏而行呢？

不过，还真有这么一个人，不仅能一眼看透伪装下的陷阱，还能抗拒那四层伪装的诱惑，甚至能像超级马里奥一样，从陷阱上一跃而过。这个人就是东汉章帝的母亲——马太后。

3

说起来，东汉章帝刘炟虽还称不上一代英主，但也绝不是昏聩无道之辈。他为人平和，为政宽仁，崇尚儒学，尊老爱幼，能写一手好字，一不留神还创造了一种叫"章草"的字体。总得说，貌似是个有思想、有作为、有情义、有才华的"暖男"。当然啦，能有这样的表现，是跟他母亲马太后的教育分不开的。

马太后是大名鼎鼎的伏波将军马援的小女儿。虽然出身名门望族，但由于马援早逝，马氏一族惨遭诬陷排挤，家道早已中落。马太后——当时的小马姑娘，其实是穷人的孩子早当家。当别人家的孩子还冒着鼻涕泡天天玩植物大战僵尸、甘当韩星脑残粉的时候，年仅十岁的小马姑娘就能把家中事务打理得井井有条，堪称里里外外一把手。后来，十三岁的小马姑娘被送入宫中，给当时的阴皇后（光武帝刘秀皇后阴丽华，"娶妻当得阴丽华"）做生活秘书，不仅得到阴丽华和其他嫔妃的一致好评（这在险恶倾轧的宫中江湖显得不可思议），而且与皇太子刘庄互倾情愫。再后来，刘庄即位为汉明帝，小马秘书就成了马贵人。再再后来，由阴丽华拍板，晋升为马皇后。再再再后来，多年媳妇熬成婆，终于变成终极 Boss——马太后。

马太后虽不是刘炟的生母，但从小精心抚育刘炟成人，视

为己出，刘炟也与马太后母子情深。因此，刘炟即位后，第一件事就是要大大封赏提携自己的几个舅舅。

这事儿对于其他人来说，自然求之不得。如果皇帝忘了，给点暗示、做个提醒那是免不了的，就算皇帝没这个打算，一哭二闹三上吊，好歹不能让自己的娘家吃亏不是？

可是，人家马太后偏偏不走寻常路——竟然一口否决了。刘炟以为这只是老娘的谦虚谨慎，于是将此事暂缓下来。第二年，天下大旱，有人借机上奏，也可能是刘炟授意——皇帝你看，就因为没封赏你大舅你二舅你三舅，大旱了吧！老天很生气，后果很严重！

虽说现在看来这说法纯属扯淡，但让古人弄懂厄尔尼诺与干旱之间的关系，的确有点过分。反正对于马太后来说，这绝对是个神圣而堂皇的大台阶，您借坡下驴，半推半就，不仅可以成全自己淡泊名利的名声，而且还耽误不了老马家的富贵荣华，这谁想出的主意，太有才啦！

哪知道，对这个"万全之策"，马太后不但不领情，反而来了个义正词严。

4

马太后在诏书中开宗明义："凡言事者皆欲媚朕以要福耳。"用现在的话说就是：凡是主张封我兄弟当大官的，都是投机分子马屁精，不就是想借机捞点政治油水嘛！紧接着，又抬起杠来："昔王氏五侯同日俱封，其时黄雾四塞，不闻澍雨之应"——你说不封外戚，老天爷很生气，那么西汉成帝同时把他老娘的五个兄弟封了侯，却一滴雨没下，反而刮起沙尘

伍 阅人需慧眼 处事要兰心

暴,这个怎么解释?"又田蚡、窦婴,宠贵横恣,倾覆之祸,为世所传"——汉武帝时的外戚田蚡和窦婴,骄横跋扈,仗势欺人,最终都没有好下场,用实际行动阐释了"做死"的深刻内涵,咱不是属鸡的,不能记吃不记打啊。抬完杠,又是一番苦口婆心的解释,大意是我娘家那帮家伙,小日子已经过得够滋润了,再惯着他们,就更不知道天高地厚了。因此,坚决不允许给他们加官晋爵。

章帝刘炟还不死心——历朝历代的皇帝,哪有不封自己舅舅的嘛,开这个先河,多没面子——再劝马太后。马太后继续向儿子苦口婆心讲道理,其中一句话可见用心之良苦:"常观富贵之家,禄位重叠,犹再实之木,其根必伤。"肥施多了,苗易烧死;猪吃肥了,早下汤锅;果树一年结两次果,早晚累死。最后实在被纠缠急了,说:"吾素刚急,有匈中气,不可不顺也"——俺是个急性子,气性大,你小子再磨叽,就气死老娘我啦!

说实话,这种见识,很多人都有。但真正的智者不止于看透世事,更重要的是看透之后,还能不为利益所绊,不为欲望所惑,不为形势所困,不为人情所累,把看透的事拿得起、放得下,才是真正的大智慧、大勇气。

马太后显然就是这样一个有大智大勇的人。她是这样说的,也是这样想的,更是这样做的。不仅三番五次拒绝给娘家三兄弟封爵,而且对他们苦心调教,对那些谦恭低调的马氏子弟多加褒奖;一旦发现不靠谱的行为,立即训斥责罚,甚至将那些不知天高地厚的二货逐出宗族,赶回老家种地。在这么一个严苛的大家长威慑之下,那些潜伏在外戚骨子里的奢靡、骄横等病毒，被硬生生封印起来，那个时期的马氏一族，一时竟成了历史上外戚群体中的异类。

可惜，马太后的严苛虽然可以暂时遏制"外戚病"的恶化，但与人性之恶、体制之弊相抗衡，无疑只能治标，无法治本。马太后去世后，马氏外戚头上的"达摩克利斯之剑"消失了，"外戚病"开始间歇性爆发："他大舅"马廖之子马豫因非议朝政死于非命，"他二舅"马防和"他三舅"马光因违反"八项规定"被赶回封地，后来马光和其子马康又卷入窦宪谋反案，丢了性命……马氏一族走向衰落。

这当然不是马太后想见到的。只可怜马太后这个超越历史局限的智者，一片苦心付诸东流。纵然她能奋力一跃，跳过这历史的陷阱，但无奈身后的这些糊涂蛋，还是一边抱怨她严苛，一边拼命往里跳。

她只是不想让他们荣华一时，遗祸一族，遗臭万年；她只想让他们远离权力的漩涡，避免富贵的侵蚀，帮他们"做一个幸福的人，喂马、劈柴、周游世界……关心粮食和蔬菜"，给他们"一所房子，面朝大海，春暖花开"。

可惜，她这一剂清醒针，唤不醒利欲熏心的人。

西汉客栈老板娘

现实版的金镶玉

1

夜色如墨，北风如刀。

西汉武帝建元三年，时值初冬，河南灵宝县一个叫柏谷的小村，万籁俱寂，只有未被冰封的柏谷河水在静谧中潺潺而歌。

刚打过二更，大多数庄户人家却都已早早熄灯入睡，仅余村口小客栈一点儿孤灯，在寒夜中瑟瑟抖动。

经营客栈的是一对中年夫妻。汉子魁梧健硕，一身彪悍之气。妇人身材窈窕，虽徐娘半老，但眼角眉梢犹见当年风韵，特别是一双美目，顾盼生姿间仿佛阅人入骨，透着一股灵动之色。

每年一入冬，借着柏谷河往来经商的商贾就都蛰伏起来，岸边这小客栈自然门庭冷落。此刻，夫妇二人也打算更衣入寝。

谁知，正待吹熄油灯，妇人忽听外面由远而近传来急促的马蹄声，其间还夹杂着銮铃脆响和骑者叱喝之声，在这静夜中尤显突兀。

眨眼间，只听几声长嘶，众骑竟在客栈前勒马而停。

汉子与妇人不由得转头相视，均见对方眼中大有惊疑之色。

汉子眉头微皱，伸出手指向西略略一点，妇人立即明白了丈夫之意。

原来，这两天，从长安附近的户县、杜县传来消息，说前一阵子有一队神秘人马，冒充平阳侯府上，专在乡间策马奔驰、横冲直撞，有无杀人越货的罪恶行状虽不清楚，但践踏田地、损毁庄稼的劣迹却是凿凿，甚至惊动两县官府派下捕快围堵追剿。但却不知结果如何，竟然异常蹊跷地再没了下文。

闻此消息时，汉子正在后厨帮厨，气得他将手中菜刀狠狠剁下，砍断一扇排骨后，刀刃深入案板。"这群鳖孙！恁个猖狂！莫撞在老子面前，管叫他吃不了兜着走！"

要说这大汉也真个儿是侠义热肠，加之少年时曾学得三拳两脚，为防范这伙恶贼来袭，竟操持村中一干青年子弟，趁农闲时打熬筋骨，演练武艺，又约定贼袭时的集结暗号，只等这班狂徒自投罗网。

此时，屋外来者莫非正是久等之客？

刚一闪念，只听外面一人大声喝道："店家，赶紧滚出来！大爷来投宿，还不快些安顿住处、烧水喂马！"

伍 阅人需慧眼 处事要兰心

大汉怒目圆睁,咬牙切齿,就要冲出去打倒几个。忽觉拳上温软,只见妇人按住丈夫,正色道:"听声音,来者颇众,你一人万不可鲁莽行事,待俺出去稳住他们,当家的你速去按平日之约集结乡众!"

大汉刚想说,你一妇道人家岂可在贼人面前冒险,却见妇人目光坚决,知她素来机智果敢不让须眉,便不再坚持,轻道一声小心。

2

话说门外来的是一群衣饰华丽、鞍辔鲜亮、纨绔模样的少年郎。正喧嚣焦躁间,院门吱呀一声慢慢推开,从里面走出一个手持灯笼的妇人。借着微弱灯光,只见那妇人发髻松散,衣衫略显凌乱,显然是慌忙间不及打扮,但慵懒倦态仍掩不住干练之色。

"哟,客官这是从哪里来啊!投宿小店,本是奴家的荣幸,但看各位都是千金贵体,只怕小店简陋寒酸,委屈了大爷们啊!"妇人行了个万福,脆声迎客。

"甭废话!我家公子爷今日赶路急了,错过了宿头,在你这破店落脚,是你上辈子修来的福分!赶紧安排最好的客房,准备好酒好肉!伺候美了我家公子爷,自有重赏,不然,一把火烧了你这破烂狗窝!"其中一个家伙尖着嗓子恶声斥道。

"呦!这可真真承受不起了,既然奴家这里是破烂狗窝,怎敢留大爷们在此啊!那岂不是没来由得污了大爷们的身架?"

"你!你!……"那奴才自觉语失,一时竟无法应答。

"哎!不得无礼!咱借宿人家,怎能恶语伤人?"为首的少年轻声喝住那小厮,"敢问大姐,能否容我一行借宿一晚?"

妇人灯笼略略向上挑起,昏暗中,只见众人簇拥着的那少年,内穿玄色曲裾深衣,外罩纯白貂氅,腰悬长剑,长身玉面,约莫十八九岁年纪,虽不是宋玉般美男子,但眉宇间英气逼人,淡淡的笑容中满是雍容之态,隐隐然似有股王者之气荡散开来。

妇人心中暗暗一惊,但脸上却不动声色。"看公子您说的,奴家开这片小店,就是盼着您这样的贵客天天来捧场呢!更别说您这种长安来的稀客哩!"

那少年眼眉轻轻一挑,显是有些惊奇,正要发话,身旁的一个随从"唰"地拔出腰间长剑,指向妇人,"公子爷,您多加小心,这娘们有些蹊跷!"

忽然,由院子里飞出一物,正打在那随从手腕之上。随从吃痛,哎哟一声,长剑落地,紧接着,院门中冲出一个彪形大汉,像座山一般护在妇人身前。

兔起鹘落之间,形势已然陡变。那一干人反应也真奇快,十几个人瞬间均已长剑出鞘,有几个提马护住那少年,有的持剑向外指住大汉和妇人,剩下的形成半个圆圈,分在两翼和队后,俨然是攻守兼备、进退有度、训练有素之势。

那少年脸上却无丝毫异样,低头一看,只见地上一只粗瓷酒壶兀自在地上打转,还不断有酒从壶嘴里甩出,正是打在随从手上的"暗器"。

少年哈哈大笑,朗声问道:"你是何人?为何下此黑手?"

大汉犹如怒目金刚,对眼前几柄冷森森的长剑竟视而不见。"日他先人!谁敢伤俺婆娘一根汗毛,准叫他活不过今晚！"

"哎呀，当家的，这是干啥？人家远道而来，这样对贵客，像什么样子嘛！"妇人轻轻推开大汉，笑靥如花地对少年道："公子，俺当家的是个粗人，莫跟他一般见识哦！"

"不妨事，不妨事，只是，大姐，你如何得知我们是从长安来的呢？"

"嗨！俺只当为甚！这不明摆着嘛，看您这装扮气度，俺们灵宝这小鸡窝如何出得来您这样的金凤凰？再看您一行风尘仆仆从西而来，至少跑了百八十里吧，又是京城口音，不从长安来才是见鬼哩！"

少年听了，微微点头，"原来如此，大姐真真是心思缜密。"然后向两边看了一下，左右立即会意，撤剑还鞘。

"瞧您说的，啥缜密不缜密，俺不过是个粗鄙村妇，让您见笑了。"妇人粉面含羞，愈发明艳照人。

"看大哥如此误会……也罢，就不叨扰了，只是……一路奔波，口干舌燥，能否讨碗水喝？"少年见一旁的大汉仍然咬牙切齿，面目狰狞，无奈说道。

"水？没有！尿倒是有一泡，要不要！"不等妇人答话，大汉恶狠狠道。

少年皱了皱眉头，却没发作，倒是旁边随从忍不住怒喝道："恁个汉子，如此无礼！还不快些向我家公子爷请罪！"

"说甚呢！说甚呢！俺们请都请不来的贵客，你说甚混话呢！"妇人满脸羞恼，一边连连推搡汉子，一边丢着眼色，然后转头向少年满脸赔笑道："公子莫怪，公子莫怪，俺家这浑人冲撞了公子，奴家向您赔礼了！水也有，酒也有，肉也有，都在店里面哩,小店虽然寒酸,倒也干净,公子如不嫌弃,俺这就去帮公子收拾房间!"

"那……有劳大姐了!"少年打个拱道。

汉子还要执拗,妇人连推带搡将汉子推进院子,然后殷勤地将少年一行让进院子。

3

稍稍安顿一下客人之后,妇人急忙到店后去寻丈夫。只见店后已聚集了十几个手持棍棒的健硕青年,正围着自家汉子窃窃私语。汉子见妇人来,愠道:"俺说你这婆娘,咋能把这些贼人引到自家院里?那岂不是……岂不是……"汉子挠着头想了半天,也想不出合适的词。

"引狼入室!"旁边的一个青年连忙提示。

"哦,对!岂不是引狼入室!"

"哎,大哥此言差矣,嫂子机智多谋,定是另有深意,说不定是要关门打狗哩!"那青年抖了个机灵嬉笑道。

"打啥子狗?!小心吃不到羊肉倒惹身骚!当家的,你不好莽撞,这些人没那么简单。再说,你刚才已经惊着他们了,恐怕人家会有所戒备。"妇人白了一眼那多嘴的青年,对丈夫说。

"有啥不简单!俺看这群鳖孙就是在户县、杜县干坏事的贼人!既然官府那坨屎干不来人事,咱来么!今晚到咱柏谷,算他们倒霉,来了就莫走了么!就算是有戒备,在咱自己地盘上,还能怕他们不成?"汉子说着,噌的从腰间拔出一把菜刀,"特别是那小白脸,更不是个东西,俺瞧他对你就没安好心,一双桃花眼盯着你乱转。今晚,我非把这小子眼珠子挖出来当球踩！"汉子气鼓鼓地挥了挥菜刀，旁边的青年们却不住窃笑。

"胡咧咧个甚！你这怂包瞎吃个甚醋？要俺说，这伙人绝不是啥贼匪强盗。就算他们果真是在户县冒充平阳侯胡闹的那群人，但看这架势、这气场，怕是平阳侯也没他尊贵哩！"

"尊贵个屁！尊贵能那么混账？能那么蛮横？能那么没教养？"

"叫你说，哪个有钱有势的不混账、不蛮横？要真是彬彬有礼、谦谦君子了，你能相信他有钱有势？"

"……俺看你……就是相中了这小白脸了！"汉子语塞，气急之余丢出这句啼笑皆非的话。"不管怎样，这群人就不是好东西，就得让他们长长记性，知道咱平头百姓也是有血性的，也不是好惹的！"汉子吐了口唾沫，恶狠狠地道。

妇人不再说什么了，她知道丈夫的性子。平时都是她说了算，但在一些大事上，他是不会让着她的。

于是，她嗔怪道："这大半夜的，你把大伙儿召集起来，咋就在外面喝西北风？再说，这帮人现在都精神着哩，你们也没法下手，不如等他们放松警惕之后再干不迟，趁这个时间，你们也好养养精蓄蓄锐。走，先到跨院喝点酒暖暖身子。"不由分说，就把众人领到跨院，手脚麻利地切好几盘子牛肉，烫了几壶烧酒，招呼汉子们喝了起来。

4

夜寒风紧，这跨院的客房又没生火炉，屋里犹如冰窖一般。天冷自然就馋酒，这些汉子们刚一围坐，就都推杯换盏喝将起来。

妇人见丈夫兀自坐在那里生气，便过来端起一碗酒道："当家的，平日里，你粗声恶气的，总没个好脾气，为妻的只当你嫌弃俺年老色衰。可今日，要紧的时候，你这么一护，俺心里跟喝了二两蜜一样甜，总算知道了俺在你心里到底是个啥位置，冲这，敬俺男人一杯！"旁边的青年们听了，哄起来，有的说："嫂子是十里八乡有名的美人，大哥平日甩脸子，怕是担心嫂子你被别人抢走哩！"有的笑道："有嫂子这样的好婆娘敬酒，要是俺，恨不得干他三大坛！"

不知是酒上脸，还是情所至，汉子黝黑的脸膛竟黑红起来，嘿嘿傻笑着，端起碗咕咚咕咚一饮而尽。

妇人喝了一口又道："当家的，知道俺最敬你啥吗？最敬的就是你身上有任侠之风，为了咱柏谷的安宁，为了乡亲们的安危，你什么都敢豁出去，为妻的敬你是个真爷们儿！冲这，再敬俺男人一碗！"

汉子的脸上庄重起来，又一仰脖，干了。

就这样，妇人连连敬酒，每一碗的说辞都入情入理，感人动情，根本没有不干的借口，汉子连连豪饮，很快，就醉倒了。

妇人见此，对那些也喝得迷迷瞪瞪的青年道："诸位兄弟，今日，我这当家的与那些人有些误会，俺一直担心他意气用事铸成大错。正好他不胜酒力，也没法再图大事了，大家不如就此散了吧。"

众人早见汉子满腔醋意，本也不愿跟着瞎打瞎撞，听妇人一说，就顺水推舟，自行散去了。

妇人推推汉子，汉子依然酣睡正香，但又恐半夜醒来，便

伍 阅人需慧眼 处事要兰心

寻了条绳子,将他结结实实捆了起来。

做罢这一切,立即杀鸡宰鹅,做得一桌好席。又挖出几年前汉子埋的几坛陈年老酒,招呼那群长安来客大快朵颐。席间,妇人殷勤备至,反复替汉子向那少年致歉。酒足饭饱,少年回房休息,推开房门,暖气扑面,火炉内柴火熊熊,火炕烧得温热,被褥也换成崭新的(这可是妇人成婚时都没舍得盖的陪嫁被褥),微烫的洗脚水更已备好。少年先前的不快早就无影无踪,不由得对这客栈,特别是对这妇人倍感满意。

第二日,天刚蒙蒙亮,少年便率众人悄悄离去。

那汉子酣睡一夜,醒来才发觉手脚被缚,不由得破口大骂。妇人赶紧跑来替丈夫解开绳索。汉子气得举手要打,无奈被绑了一夜,手脚酸麻,只得作罢。

这一天,汉子怒气难平,想发作,却见妇人楚楚可怜,又想她也是一番苦心,内心甚是纠结,整日不理妇人,只是借酒纾解心中郁结。

又过一日,门外忽然大乱,夫妻奔出门来,看到的是一队雄赳赳的宫廷金甲卫士。领头的一个年长太监,宣读圣旨,竟是召妇人进宫面圣!

汉子跪在地上,一头雾水,怔怔地忘记起身;妇人心中怦怦狂跳,大脑一片空白。

宫殿之上,一个长身玉面的少年,端坐在龙床之上,脸上是淡淡的微笑。

"大姐,还认得朕吗?"

后记:汉武帝赐妇人千金,封大汉为羽林郎。

是岁,上始为微行,北至池阳,西至黄山,南猎长杨,东游宜春,与左右能骑射者期诸殿门。常以夜出,自称平阳侯;旦明,入南山下,射鹿、豕、狐、兔,驰骛禾稼之地,民皆号呼骂詈。鄠、杜令欲执之,示以乘舆物,乃得免。又尝夜至伯谷,投逆旅宿,就逆旅主人求浆,主人翁曰:"无浆,正有溺耳!"且疑上为奸盗,聚少年欲攻之。主人妪睹上状貌而异之,止其翁曰:"客非常人也,且又有备,不可图也。"翁不听,妪饮翁以酒,醉而缚之。少年皆散走,妪乃杀鸡为食以谢客。明日,上归,召妪,赐金千斤,拜其夫为羽林郎。

——《资治通鉴》

陶苕子妻

周朝版的娜拉

1

　　说起腐败来，似乎所有人都痛恨得咬牙切齿。但实际上，令一些人痛恨的，并不是、或者说并不仅仅是腐败本身，而是他们没有机会、没有资格腐败——既然蛋糕轮不到自己享用，只好诅咒那些可以享用蛋糕的人。一旦风水轮流转，自己一朝麻雀变凤凰，成了可以肆意享用蛋糕的人，那时，只恨少生了几只搂钱的手，哪里还会记得之前对腐败分子的诅咒？不仅如此，就算自己无缘贪腐之事，可但凡跟腐败分子沾一点儿边，就会争先恐后地去沾沾光，哪里肯再去痛恨这个可能会给自己带来好处的贪官呢？有些人历来是笑贫不笑娼，但娼妓总归低贱，即使不去讥笑，也不会去巴结谄媚。他们在骨子里秘而不宣更深层次的心理其实是：敬廉更羡贪——敬，是敬而远之；

羡,才是心向往之。

腐败就像臭豆腐,臭不可闻,却甘之如饴,而且越吃越上瘾;腐败又像混账儿子,嘴上恨得要死,心里却爱的要死,谁也别想动他一根汗毛;腐败更像中国老百姓的历史观,成王败寇,只看结果,不问过程,只要没被搞倒,无论多无耻多暴虐,仍可顶礼膜拜。

这不,周朝时候,一个叫苔子的哥们,就是这么干的。

苔子是个读书人,而且还是个大领导。这点从他名字就能看出。在古代,可不是随便一个人都能挂个"子"字的。这个"子"既是一种尊称,一般针对的都是老师或那些品德高洁、学识渊博的牛人,如孔子、老子、屈子、苏子、韩非子等等;又是对有地位士大夫的通称,如赵襄子、智宣子、严仲子、宋华子等等。这间接地证明,苔子貌似是个有理想、有道德、有学问、有地位的大官、好官、清官。

按理说,这哥们又是饱读圣贤书,又是以天下为己任,境界觉悟得有多高啊,给他一个地方治理,不搞成个桃花源、乌托邦怎么好意思跟人打招呼?

然而,事实却是这样的:苔子在陶丘(今山东定陶)当长官,任职三年,名声是一坨一坨的狗屎,银行存款却暴涨三倍。你以为他该是个"穷则独善其身,达则兼善天下"的孟子,可人家偏偏是个"人不为己,天诛地灭"的孙子。你以为只要黎民不安,他就夙夜难眠,他想的却是:千里为官,只为吃穿!苔长官以他的躬身实践,证明了知与行居然可以如此完美的分裂。

这不,为了向家乡父老展示自己为官以来的光辉成就,在陶任职五年之后,他策划了一次轰轰烈烈的衣锦还乡之旅。

2

这一天,对于苔子家乡来说,可能是一个里程碑式的时刻。

听说在外面当了大官的苔子要回来探亲了,十里八村的乡亲们都早早跑来看热闹。有的说:苔长官小学跟我一个班,那时候人家就是班长,天生就是当大官的料!有的说:苔长官是我二舅妈三姑父大姐夫一担挑的亲外甥,人家那人脉海了去了,据说跟京城某个皇亲国戚关系铁着呢!那些牛哄哄的大房地产商都是他小兄弟!有的说:我二哥在苔长官家传达室上班,他说好家伙,人家苔长官家那日子过得,跟天上人间似的,夜壶都是纯金的,天天能吃白面馍,而且想蘸白糖蘸白糖,想蘸红糖蘸红糖!

苔子的族人们听了这些不着边际的议论,又是不屑又是得意,心想:苔子再牛跟你们这些土鳖能有多大关系?苔长官吃肉,我们跟着喝汤,你们咋闻闻味儿都这么幸福?

正当大家翘首以盼的时候,眼尖的人发现,老远的地方烟尘弥漫,遮天蔽日。有人惊呼:莫不是八戒来了吧!"放屁!那是我们家苔长官的车队!"苔子族人一脚踢开那没眼力见的家伙,急忙招呼着:大家把锣鼓家什赶紧准备好,苔长官马上就到啦!

眼见着,那团妖雾就到了跟前,果然是苔长官的车队。好家伙!这阵仗、这排场、这气势,把所有人都看傻了,只见这车队竟然有一百辆之多,打头的是劳斯莱斯幻影,后面一溜奔驰宝马法拉利——不好意思,嘴里跑火车了,那时候还没这玩意,不过,一百辆驷马豪车一字长蛇倒是真的。周朝的时候,马车那是奢侈品,是身份地位的象征,穷乡僻壤的乡下,连根马毛都很难见到,更甭说马车了,更甭说一百辆四匹马拉的豪车了。这场面不敢说绝后,但肯定是空前的。

"哎哟娘啊,咱家祖宗坟上冒青烟啦!"苔子家族的老族长激动得老泪纵横,赶紧提醒那些看傻了的族人:奏乐欢迎!奏乐欢迎!一时间,鼓乐齐鸣(那时候可能还没有这么多乐器,实际情况是:宗人击牛而贺之,狂敲牛角)。

就在这震耳欲聋的锣鼓声中,苔长官面带微笑走下马车,老族长迎上前去,双方亲切握手,互致问候,然后二人沿着红地毯缓步前行,两旁百姓跳起欢快的民族舞蹈,少年儿童动情欢呼:"欢迎,欢迎,热烈欢迎"。那天,老族长说了不少话,其实不过是"光宗耀祖、光耀门楣、家族之幸"车轱辘话而已,但苔长官的内心还是感到极大满足——这,才是成功的人生!这,才是幸福的生活!

其实,感到最幸福最光荣最有面子的,是苔长官的家人,特别是他的老娘——脸红什么?精神焕发!满脸的褶子都在咧嘴笑,巨大的满足感像氢气一样充满身体,简直飘飘欲仙了。

可就在这时,她竟然听到了隐隐的哭声!

在这举族同庆、祖坟冒青烟的时刻,竟然有人哭!这简直是从满汉全席中吃出一只苍蝇!老太太怒目圆睁,循着哭声找去,终于从一个房间里发现了这只可恶的"苍蝇"——居然是她!

伍 阅人需慧眼　处事要兰心

3

只见一个妇人抱着一个小男孩，嘤嘤而泣，正是苔长官的老婆、她的儿媳——苔夫人。

"你神经病啊！这大喜的日子嚎什么丧！这不是成心添堵吗！"老太太这个气啊，她一早就发现儿媳妇有点不对劲，众人皆喜她独闷，本以为是产后抑郁症还没好，就没在意，哪知这小蹄子蹬鼻子上脸，放肆成这样。

苔夫人见是婆婆来了，忍住悲声，行了个万福说："您要说我嚎丧，倒也没错，不过我哭的不是现在，而是不久的将来。俗话说：知子莫若母。外人被他忽悠瞎鼓掌，您怎么也跟着起哄呢？您自己儿子吃几碗干饭您应该最清楚啊。他就一村长水平，却赶鸭子上架当了市长，小肩膀挑千斤担，能压不垮吗？他把陶丘治理成猪圈，却把自己家搞成金銮殿，这不是作死吗？当初楚国的令尹子文，把楚国治理得繁荣昌盛，自己家却一贫如洗，但国王满意，纳税人爱戴，子文因此名垂青史，他的子孙后代也跟着享受荫庇。可你看您这宝贝儿子，他可从来没打算这么干。别看他一副道貌岸然的领导范儿，一张嘴就是为黎民百姓可以肝脑涂地，实际上贪污受贿、投机钻营，根本就是个官迷加财迷。您一看他在陶丘干出的那些'政绩'，就会预料到，他有多少钱就有多少罪，爬得有多高摔得就会有多惨。他就像一头猪，天天就知道吃、吃、吃，却从来不想，吃肥了的那一天，就是下汤锅的那一天。您觉得您儿子外表金灿灿的，以为能给咱家门上贴金，其实他不过是一坨镀金的牛屎，贴在咱家门上，以后保准顶风臭出三里地。我做他老婆，

255

从来没感到过光荣，劝过他多少回，始终当作耳旁风。我现在不想沾他的光，以后也不想受他牵连，趁还来得及，我一分钱都不要，只请婆婆您做主，让我带着儿子离开这个家。"

俗话说，一个成功男人的背后，必然有一个默默支持他的女人。同理，一个贪腐分子的背后，必然也有一个贪婪的老婆（老公）。不过，什么事都有个例外，苔夫人就是这样一个异类。她这一番话，把老太太气得直翻白眼，根本不用她请求，老太太直接就替苔子决定，把这乌鸦嘴娘俩赶出了家门。

苔子知道后，十分高兴，心想，男人三件美事：升官发财死老婆，我完成了两件，这最后一件总算基本完成了，早就腻歪这个天天在自己耳边喋喋不休的娘们儿了，真是走的好，走的妙，走的及时呱呱叫！

这事现在看来不算个啥，不就是离个婚吗，多大个事，换张床而已。可你要知道，那可是两千多年前的周朝啊，这绝对是能上八卦小报的头条新闻了。顶着山一样重的社会舆论压力，做出这样石破天惊的选择，见识可不是一般的远，勇气不是一般的大，心理素质不是一般的强，堪称周朝版的娜拉。

鲁迅先生曾预言娜拉走后的两条路：不是堕落，就是回来。苔夫人——确切地说是前苔夫人的确如鲁迅先生所料，到底是回来了。只不过，她的回来，不是妥协投降，而是收拾残局。

颜色再像黄金的牛屎，终归是牛屎。苔子贴在自家门楣上的"金片"虽然带来一时的辉煌，但到底经不住时间的风化，还是还原成了一片恶心的屎黄。一年后，她的"乌鸦嘴"应验了，苔长官在反腐风暴中落马，被判死刑，且全家连坐，除了

伍 阅人需慧眼 处事要兰心

他老娘因年纪太大被特赦之外,满门抄斩。

在婆家最辉煌的时候离开的苔夫人,却在婆家最落魄的时候回来了。她搀起坐在地上痛哭流涕的前婆婆,只说了一句话:我给您养老送终。